Manfred Sack
Bettina Hintze

DIE BESTEN EINFAMILIENHÄUSER

DER WETTBEWERB **HAUS DES JAHRES** IN
ZUSAMMENARBEIT MIT **SCHÜCO** UND **VPB**

MANFRED SACK
BETTINA HINTZE

Die besten Einfamilienhäuser

DEUTSCHLAND | ÖSTERREICH | SCHWEIZ

CALLWEY

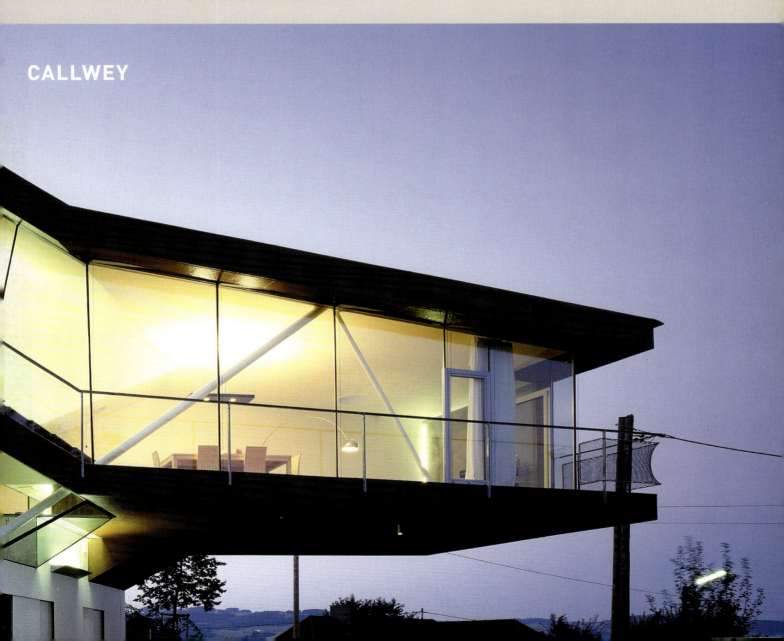

INHALT

6	Vorwort
7	Über dieses Buch
8	Einleitung Manfred Sack

DIE PREISTRÄGER

16 Gemischtes Doppel
Wohn- und Atelierhaus in Soglio/CH
Ruinelli Associati Architetti/CH

22 Lifting für einen Oldtimer
Einfamilienhaus in Kaufbeuren
kehrbaum architekten

28 Aus einem Guss
Einfamilienhaus in Kaltbrunn/CH
architekturbüro ivan cavegn/FL

BAUHERRENPREIS

34 Modern aus Tradition
Einfamilienhaus in Neumarkt
Berschneider + Berschneider

ANERKENNUNGEN

Deutschland

40 Unter Dach und Fach
Ferienhaus in Ahrenshoop
Knebel & von Wedemeyer Architekten

44 Vermittlerrolle
Einfamilienhaus in Berlin
Anne Kleinlein

48 Kreisthema mit Variationen
Schreibhaus in Wunstorf
Holger Kleine Architekten

54 Dunkle Schale, heller Kern
Einfamilienhaus in Gelsenkirchen
Eisenberg Architekten

58 Ansichtssache
Einfamilienhaus in Heilbronn
müller architekten

62 Familiensitz
Einfamilienhaus in Karlsruhe
Meixner Schlüter Wendt mit W. Ziser

68 Lichtgestalt im Hof
Einfamilienhaus in Karlsruhe
PAK Architekten

72 An der schönen blauen Donau
Einfamilienhaus in Regensburg
fabi architekten

76 Villa im Park
Einfamilienhaus in Kornwestheim
hartwig n. schneider architekten

80 Silberstreifen am Horizont
Einfamilienhaus in Stuttgart
Kaag + Schwarz

86	**Aufbaukur mit Alubox** Wohnhaus mit Büro in Stuttgart bottega + ehrhardt architekten	124	**Bauen mit System** Einfamilienhaus in Bezau oskar leo kaufmann
90	**Cockpit im Weinberg** Einfamilienhaus in Stuttgart wulf & partner	128	**Offene Festung** Einfamilienhaus in Klaus Dietrich | Untertrifaller Architekten

Bayern

- 86 **Aufbaukur mit Alubox** — Wohnhaus mit Büro in Stuttgart — bottega + ehrhardt architekten
- 90 **Cockpit im Weinberg** — Einfamilienhaus in Stuttgart — wulf & partner
- 96 **Die Kunst der Glas-Fuge** — Einfamilienhaus in Stuttgart — Hagen + Steinhoff
- 100 **Archetyp** — Einfamilienhaus in Augsburg — Bohn Architekten
- 104 **Zwischen-Lösung** — Einfamilienhaus in München — pmp Architekten
- 108 **Wohnturm am Hang** — Einfamilienhaus in Starnberg — Michael Schattan

Österreich

- 112 **Abgehoben** — Einfamilienhaus in Linz — Caramel architekten mit Atelier Tummelplatz – Friedrich Stiper
- 116 **Dreiländerblick de Luxe** — Einfamilienhaus in Bregenz — Dietrich \| Untertrifaller Architekten
- 120 **Haut aus Stahl** — Einfamilienhaus in Dornbirn — oskar leo kaufmann
- 124 **Bauen mit System** — Einfamilienhaus in Bezau — oskar leo kaufmann
- 128 **Offene Festung** — Einfamilienhaus in Klaus — Dietrich \| Untertrifaller Architekten

Schweiz

- 132 **Muster-Lösung** — Einfamilienhaus in Bottighofen — Jean Claude Mahler
- 136 **Hoch gestapelt** — Einfamilienhaus in Kilchberg — Arndt Geiger Herrmann
- 140 **Oberflächen-Spannung** — Einfamilienhaus in Küsnacht — wild bär architekten
- 146 **Lichtblick am See** — Einfamilienhaus in Erlenbach — wild bär architekten

Liechtenstein

- 152 **Immer an der Wand entlang** — Einfamilienhaus in Eschen — Bearth & Deplazes Architekten

- 156 Architektenverzeichnis und Bildnachweis
- 158 Impressum

VORWORT

Kreativität hat Konjunktur – allen ökonomischen Krisen zum Trotz. Das ist der erste, überaus erfreuliche und auch ein wenig überraschende Eindruck unseres HÄUSER-Awards 2005, den wir wieder zusammen mit der Schüco International KG und erstmals mit dem Verband Privater Bauherren VPB veranstaltet haben. Bewusst hatten wir bei der Auslobung darauf verzichtet, nach Einfamilienhäusern eines bestimmten Genres zu suchen. Wir wollten vielmehr wissen: Wie sehen Eigenheime im ersten Jahrzehnt des 21. Jahrhunderts aus? Welche Spannbreite gibt es, welche Materialien werden bevorzugt, welche Innovationen haben sich durchgesetzt? Nicht um hochgestochene, futuristische, computergenerierte Entwürfe ging es, sondern um wirklichkeitsnahe Häuser für Bauherren mit Geschmack und mit Sinn für Gestaltung.

In der Jury hatten wir einiges zu tun, um aus annähernd 400 Einsendungen die drei besten auszuwählen. Dass wir nicht – wie in der Ausschreibung ursprünglich vorgesehen – drei gestaffelte Preise vergeben, sondern das auf 15.000 Euro angehobene Preisgeld den drei Siegern zu gleichen Teilen zugesprochen haben, sieht zunächst nach einem verlegenen Kompromiss aus. Der Hintergrund ist, dass wir in der Endrunde drei Häuser total unterschiedlicher Stilrichtungen vor uns hatten – eine Folge des gegenwärtigen Pluralismus. Jedes für sich war von herausragender architektonischer Qualität und nur die subjektive Präferenz für den einen oder anderen Stil hätte über das Ranking entschieden. So kommt es, dass wir einerseits ein sehr traditionelles Haus ausgezeichnet haben, das einfühlsam in ein idyllisches Bergdorf platziert wurde. Und andererseits eine durch und durch moderne Villa von eigenständiger, skulpturaler Formgebung. In der Tat repräsentieren beide Entwürfe auch eine Tendenz, die sich im Wettbewerb abzeichnete. Ungebrochen ist der Hang, die Moderne weiterzuentwickeln, aber unübersehbar und deutlicher als vor wenigen Jahren ist eine Vorliebe für traditionellere Formen. Dass der Rückgriff auf Bewährtes nicht mit einem architektonischen Offenbarungseid einhergeht, zeigt unser Siegerhaus sehr überzeugend.

Ebenfalls honorieren wollten wir die höchst gelungene Lösung einer mittlerweile typischen Aufgabenstellung. Viele nicht eben attraktive Häuser aus den sechziger Jahren werden heute zu Sanierungsfällen, in unserem Beispiel war das Objekt so unscheinbar, dass sich zunächst überhaupt kein Käufer fand. Dieses Aschenputtel in eine Schönheit verwandelt zu haben: auch das war, wie wir fanden, eine preiswürdige und nachahmenswerte Leistung.

Da die beste Architektur keine Chance hat, wenn der Auftraggeber sie nicht will, haben wir auf Vorschlag des Verbands Privater Bauherren erstmals auch den Bauherren der Sieger-Häuser einen Preis von 1.000 Euro zuerkannt. Es wäre uns nicht schwer gefallen, weitere Prämien zu vergeben. Und in der Tat einigten wir uns – dank der Großzügigkeit des VPB – ganz spontan noch auf einen Zusatzpreis. 1.000 Euro gehen an den Bauherren eines Einfamilienhauses, der sich nicht damit zufrieden geben wollte,

ÜBER DIESES BUCH

Die Jury:

Julia Bolles-Wilson, Architektin, FH Münster
Kaspar Kraemer, Präsident des BDA
Klaus Becker, Leiter Schüco Fassadentechnik
Jürgen B. Schrader, Vorsitzender des Vorstands des VPB
Wolfgang Nagel, Chefredakteur von HÄUSER

eine Standardsituation standardmäßig zu lösen. Es ging um einen Haustyp, wie er in hunderten von Vorstädten vorkommt. Statt in Neumarkt in der Oberpfalz ein weiteres 08/15-Eigenheim zu errichten, suchte der Preisträger nach einem Architekten, der die Herausforderung annahm und aus einem Allerweltsauftrag eine architektonische Besonderheit gemacht hat. Mögen sich viele dieses Beispiel zum Vorbild nehmen!
Vorbildlich, ideenreich und anregend sind aber auch all die anderen Entwürfe, die die Jury für das vorliegende Buch ausgewählt hat – und jeder für sich ein Ausweis für den Sieg der Kreativität.

Wolfgang Nagel
Chefredakteur von HÄUSER

Dieses Buch dokumentiert die Wettbewerbsergebnisse und stellt jedes Haus ausführlich in Bild und Text vor: Attraktive Fotos veranschaulichen das gebaute Ergebnis, die Originalzeichnungen der Architekten sowie die Gebäudedaten liefern notwendige Hintergrundinformationen. Der Text zum Projekt erläutert die jeweilige Ausgangssituation und das architektonische Konzept.
Grundrisse und Schnitte sind bis auf wenige Ausnahmen im Maßstab 1:200 wiedergegeben. Das heißt, 1 Zentimeter im Plan entspricht 200 Zentimetern, also 2 Metern, in der Wirklichkeit. Um die städtebauliche Einbindung und Orientierung des Gebäudes sowie seine Lage auf dem Grundstück darzustellen, ist jeweils ein nicht maßstäblicher Lageplan beigefügt, in dem der Neubau rot hervorgehoben ist.
Die Gebäudedaten fassen die wichtigsten Informationen in übersichtlicher Weise zusammen: Sie geben Auskunft über Grundstücksgröße, Wohn- und Nutzfläche, Anzahl der Bewohner, Bauweise sowie die ungefähren Baukosten und das Baujahr. Alle Kostenangaben verstehen sich, soweit nicht anders angegeben, im Sinne der DIN 276 als so genannte reine Baukosten inklusive der Mehrwertsteuer in den einzelnen Ländern. Nicht enthalten sind darin die Grundstücks-, Erschließungs-, Bauneben- und Finanzierungskosten. Bei einigen Projekten sind die Baukosten auf Wunsch der Bauherren nicht aufgeführt.

EINLEITUNG

Lust aufs eigene Haus
... und was einem dabei in den Sinn kommt

VON MANFRED SACK

■ Haus Tugendhat in Brünn, eine der legendären Villen des 20. Jahrhunderts, 1930 von Mies van der Rohe errichtet

Mit Häusern, die weltberühmt geworden sind, ergeht es einem so wie mit Primadonnen. Man bewundert sie und glaubt, sie – ob aus Büchern oder Filmen, von Bildern oder vom Hörensagen – zu kennen. Doch sobald man leibhaftig vor ihnen steht, ist man, je nachdem, erstaunt, verwirrt, begeistert. Manchmal fangen die Augen erst an zu leuchten, wenn man eine dieser Architektur-Ikonen besucht, zum Beispiel das Haus, das sich der Textilfabrikant Tugendhat 1930 in Brünn von Ludwig Mies van der Rohe hat bauen lassen. Für Kenner ist es womöglich „das schönste Haus des Jahrhunderts". Es liegt an einem Hang, dem sich gegenüber die Innenstadt der mährischen Metropole mit ihrer schönsten Silhouette zeigt.

Oben, von der ruhigen Straße ein wenig abgerückt, befinden sich hinter der milchweiß verglasten Eingangshalle und den sanitären Räumen die Schlafzimmer der Familie, dahinter öffnet sich eine weite Terrasse. Man steigt eine Wendeltreppe hinab und steht in der zu beiden Seiten sich ausbreitenden Wohnung mit ihren tausendmal abgebildeten, offen ineinander fließenden, immer wieder Staunen erregenden Räumen. Links trennt die vielbewunderte gelbgrünliche Onyxwand Wohn- und Arbeitszimmer voneinander, rechts öffnet sich das Esszimmer mit der halbrunden Wand aus Makassarholz. Man bemerkt die feinen, mit Chromblech verkleideten kreuzförmigen Stützen und auf der Hangseite die erste auf Knopfdruck versenkbare Fensterwand.

Irritiert von der ästhetischen Strenge und der scheinbar ständigen Nötigung zum „Paradewohnen" hatte die Zeitschrift „form" damals gefragt: „Kann man im Haus Tugendhat wohnen?" Worauf Fritz und Grete Tugendhat unabhängig voneinander geantwortet hatten: „Ja!" und

■ Umarmt von einer halbrunden Wand aus Makassarholz: das Esszimmer im Hause Tugendhat. Links: zwei der Chromstützen

■ Außen sehr streng, innen ganz licht und heiter: das Haus des Architekten Ante Josip von Kostelac in Malchen bei Darmstadt

das, obwohl ihr unerbittlicher Architekt schon beim Entwurf zu keiner Änderung bereit gewesen war. Er ließ seiner Bauherrschaft nur die Alternative, sich einen anderen Architekten zu wählen. Die Tugendhats haben es nicht getan. Sie haben sich im Handumdrehen eingewöhnt, ihr ungewöhnliches Haus und seine eigenwilligen Reize entdeckt und alsbald genossen – bis die Nationalsozialisten sie schon wenige Jahre darauf zur Flucht in die Schweiz zwangen.

Ihr erstaunliches Haus hatte auf Anhieb Furore gemacht als Paradebeispiel der inzwischen klassisch genannten Moderne, unübersehbar freilich eines nach der Vorstellung ihres in Sachen Baukunst unerbittlichen Architekten. Er hatte es ihnen so wie es ist oktroyiert. Aber sie hatten das Glück und die Fähigkeit, es sich, das heißt, ihren Lebensgewohnheiten anzuverwandeln.

Es gibt natürlich etliche solcher scheinbar nicht übertragbaren Häuser, namentlich dann, wenn Architekten sie für sich selber entworfen haben und dabei der Lust nachgegeben haben, endlich einmal kompromisslos ihrem Credo zu folgen – etwa so, wie der Architekt Johann Peter Hölzinger in Bad Nauheim es getan hat, mit den Formelementen Welle, Winkel, Halbschale und Spirale (Abb. S. 10 oben). Es fügt sich dennoch in den Maßstab und den Rhythmus der alten Villen ein, die die Straße zu beiden Seiten säumen. Seine runden und kantigen Formen, die Symmetrie, der das Haus gehorcht, bestimmen auch das Innere, und ebenso die Farbe Weiß, die vom seitlich oder von oben hereinfallenden Licht belebt und gefärbt wird. Es gab nicht wenige, die von der „sakralen Ordnung" befremdet waren. Ein Kölner Architekt schrieb: „Wenn schon ein Lebewesen, so passt in diese heiligen Hallen ein Königspinguin viel besser."

In diese opulente Klasse der sehr persönlichen Bekenntnis-Häuser von Architekten gehört auch die Villa des Darmstädters Ante Josip von Kostelac, ein Bau von monumentalen Zügen, die an Formen der Klassik erinnern, aber mit einem trotzdem ungemein offenen, überraschend vielfältigen, üppig belichteten Inneren, das nicht nur bei den Eigentümern die Wohnlust weckt.

Den Superlativ dieser Gattung eigenwilliger Einfamilienhäuser freilich findet man an einem steilen, vor Blicken geschützten Stuttgarter Hang: einen aufrecht stehenden gläsernen Quader, den man von oben über einen metallenen Brückensteg betritt (Abb. S. 10 unten). Entworfen hat ihn der Ingenieur-Architekt Werner Sobek für sich, seine Frau und seinen Sohn. In ein feingliedriges Stahlgerüst sind ringsum Isolierglasscheiben gehängt, die mit Gas und einer Klimafolie gefüllt sind. Der hauptsächlich hölzerne Fußboden ist in einen Rost eingefügt; Treppen erschließen alle vier Stockwerke des Hauses. Bis auf den frei stehenden, durch Wohn- und Schlafgeschoss reichenden, mit Aluminium verkleideten Block für die sanitären Räume gibt es nirgendwo Wände, auch keinen Teppich. Es liegt näher, von Wohnflächen denn von Wohnräumen zu sprechen, auch weil das Haus schon durch seinen Gebrauch entkörperlicht wirkt: Fenster brauchen (können) frischer Luft wegen nicht

■ Welle, Winkel, Halbschale und Spirale: die Elemente, aus denen der Architekt J. P. Hölzinger sein Haus in Bad Nauheim komponiert hat

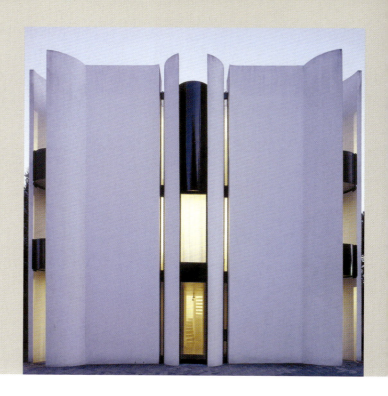

geöffnet werden; man braucht weder Klinken noch Schalter zu drücken, alles geschieht von selber, sobald man ihm körperlich nahe kommt, durch elektronische und Infrarotsignale oder durch bloßes Berühren.

Eigentliche Essenz dieses Hauses ist der Ehrgeiz, mit äußerstem (unsichtbarem) technischen Raffinement alle Energie, die es verbraucht, mit ihm selber zu erzeugen: mit Solarenergie. Es verursacht keine Stromkosten. Nicht genug, lässt sich das ganze Haus, sollten die Bewohner seiner überdrüssig sein, ökologisch einwandfrei wieder verwerten, restlos. So vermutete die „Neue Zürcher Zeitung", dass mit dieser Wohnmaschine eine Art „moderner Moderne" beginne. Und das Wohnen darin? Vielleicht war es so erwünscht, vielleicht wurde es gelernt. Weiß man denn nicht, dass neben der Liebe auch die Gewohnheit eine Himmelsmacht ist?

Im Grunde haftet allen Häusern, die es in die Klasse „der Besten" geschafft haben, gleich ob durch Wettbewerbe oder den Adel der Baugeschichte, etwas Besonderes an. Man bemerkt einen enormen Ehrgeiz, der sich nun verblüffend virtuos auch der „Technik des Wohnens" bemächtigt und nicht mehr nur um eine nach Kräften schöne Architektur, einen funktionstüchtigen Grundriss, eine angenehme Atmosphäre im Inneren eines zum Wohnen bestimmten Hauses bemüht ist. Dazu gehört immer auch das, was der Münchner Architekt Uwe Kiessler „integriertes Bauen" nennt und alles einbezieht, was für ein Haus, seinen Ort und seine Umgebung, für Klima, Licht, die städtebauliche

■ Gläserne Fassaden: die automatisierte Wohnwelt des Ingenieur-Architekten Werner Sobek in Stuttgart – ein energietechnischer Superlativ

■ Ein altes Haus in Ulm, geistreich umgebaut und erweitert von Karljosef Schattner. Architektonische Pointe: das gläserne Treppenhaus

Situation wesentlich ist, genauer: für seine Bewohner, die es in Auftrag gegeben und dafür ein Grundstück in einer ganz bestimmten Lage erworben haben.

Ludwig Mies van der Rohe hat das „Haus Tugendhat" in Brünn so entworfen, als hätte es seinen eigenen Ansprüchen, seiner Vorstellung von den Lebensgewohnheiten seiner Bauherrschaft gehorchen müssen, so als wäre es für ihn selber. Die anderen Architekten haben für niemand anderen gebaut als für sich selbst, für jemanden also, dessen Wünsche, Träume, Geheimnisse sie bis in den letzten Winkel zu kennen glauben. Die Vermutung, das sei für Architekten allemal einfacher, als Häuser für Leute zu entwerfen, die sie erst kennen lernen müssen, ist trügerisch. Oft ist es doch ein großer, die Fantasie anstiftender Reiz gerade deswegen, weil es einen bis dahin unbekannten Auftraggeber zu erkunden und diese Erkenntnisse in Architektur zu verwandeln gilt. Für andere zu entwerfen, verlangt Geduld und ein ausgeprägtes Einfühlungsvermögen, Vorstellungskraft sowieso und eine kritische Haltung auch. Insofern könnte man es als erstaunlich empfinden, wie oft es dabei – allem Ramsch zum Trotz, der vor allem die Dorf- und Stadtränder zerfranst und entstellt – zu geradezu traumhaften Symbiosen zwischen Bauherren und Architekten kommt.

Für Karljosef Schattner, den vormaligen bischöflichen Baumeister aus Eichstätt, wurde der Umbau eines bescheidenen Hauses von 1877 am Rande eines Ulmer Villenviertels zur Krönung seiner Karriere. Mit respektvollem, gleichwohl zupackendem Elan verwandelte und erweiterte er das Haus. Alt und Neu, Gebäude und Natur gingen dabei eine charaktervolle Symbiose ein, deren architektonische Pointe ein gläsernes Treppenhaus wurde, das dem zweistöckigen Satteldachhaus in den gleichen Dimensionen vorgefügt worden ist.

Es ließe sich unendlich fortfahren mit eindrucksvoll geglückten Beispielen. Man würde dabei lauter verschiedenen Philosophien und Ausdrucksformen begegnen und dabei jedes Mal einen Zusammenhang mit der städtischen, dörflichen, landschaftlichen Umgebung erkennen und Vorlieben auch. Man würde bemerken, dass es im Grund gleich ist, welches Material sich Architekt und Bauherr ausgesucht haben, seien es hart gebrannte rot- oder gelbbunte Klinker, sei es Stahlbeton, dem, was manche für unglaublich halten, farbige ebenso wie seidenglatte Oberflächen abgewonnen werden können, oder sei es Holz, dessen Umweltfreundlichkeit, aber auch dessen Habitus vielen Standorten gut tut und den Bewohnern selber auch. Und allmählich schwindet das Vorurteil, Holz sei ein schnell verrottender Baustoff, als sei in den Alpenländern und im nördlichsten Europa nicht von jeher das Gegenteil bewiesen worden. Inzwischen haben kluge Architekten auch vorgeführt, dass kein Baustoff sich dem Modernitätsanspruch widersetzt. Alles ist möglich, sofern es nur mit Können, gutem Geschmack und einer sachlich fundierten Fantasie erstrebt wird. Im Grunde hängt es nur von der Qualität der Architektur ab, wie ansehnlich und wie gebrauchstüchtig ein

■ Richard Neutras „Haus Edgar Kaufmann", virtuos in die malerische Wüstenlandschaft von Palm Springs in Kalifornien gefügt

Einfamilienhaus ist, gleich, wie scharfkantig oder gekurvt oder rund, wie klar oder expressiv, wie verschlossen oder transparent es sich präsentiert, ob traditionell oder mit einem erkennbaren Vergnügen an exaltierten Raumentwürfen.

Natürlich kann man sein Haus auch aus dem Katalog bestellen, Fertigware in dieser oder jener Variation. Manche werden dort zu Kunden, weil sie annehmen, damit besonders billig und sorglos zu ihren eigenen vier Wänden zu kommen. Doch dieses alte Vorurteil ist mittlerweile entkräftet worden. Längst gibt es – in Verbraucherzentralen ebenso wie bei Berufsverbänden – Ratschläge, sich seinen Traumarchitekten zu suchen. Mit ein wenig Glück fände man dann womöglich so jemanden wie den Österreicher Richard Neutra (1892–1970), einen Großmeister des Einfamilienhausbaus. Er hatte nach dem Ersten Weltkrieg die europäische Moderne nach Kalifornien und dort zu erstaunlicher Popularität gebracht und sich umgehend einen großen Ruf als Einfamilienhaus-Architekt erworben. Seine Spuren lassen sich, gänzlich unbeabsichtigt und ganz nebenbei, selbst in den Häusern dieses Buches finden. Und wie hatte er das geschafft, seine Bauherren zu überzeugen? Und ihnen ihre merkwürdige Lust auf eine als romantisch empfundene „Kolonialarchitektur" zu verderben, ihnen stattdessen eine sturzmoderne Architektur schmackhaft zu machen?

Richard Neutra tat nur das, was jeder anspruchsvolle Architekt tut, sich nämlich zuerst einmal zu erkundigen. Er fragte zu allererst nach den Wünschen seiner Bauherren, ihren – oft unerfüllbaren – Vorstellungen, hörte ihnen geduldig zu. Darauf begann er mit seiner Recherche, fragte nach den Lebensgewohnheiten, nach Beruf und Passionen. Er wollte wissen, wie viele und welche Bewohner das Haus beherbergen müsse, wie viele Kinder Platz zum Spielen, zum Aufwachsen brauchten. Er fragte: Was treiben Sie zu Hause? Haben Sie oft Gäste, auch größere Gesellschaften? Laden Sie gerne zum Essen ein? Sind Sie Leseratten und haben also einen Haufen Bücher? Welche Steckenpferde reiten Sie? Musizieren Sie, auf welchen Instrumenten? Ziehen Sie sich gern zurück, oder lieben Sie die Gesellschaft Ihrer Mitbewohner? Schwimmen Sie gern und brauchen jeden Morgen den Hechtsprung ins Becken? Haben Sie Hunde, Katzen, Vögel, Fische, ein Pferd? Sammeln Sie irgendetwas? Gehen Sie früh zu Bett oder tief in der Nacht? Lieben Sie infolgedessen die Morgensonne, oder verabscheuen Sie sie? Sind Sie Höhlenmenschen, oder mögen Sie lieber den offenen, weiten Blick hinaus? Wünschen Sie also normale Fenster oder Fensterwände? Träumen Sie von einem Garten? Einem von welcher Art?

Und selbstverständlich wird jeder intelligente Architekt das Terrain des Bauplatzes präzise erkunden, Charakter und Beschaffenheit des Ortes, der unmittelbaren wie der weiteren Umgebung, die Straße, den Verkehr. Also wird er sich erkundigen, wie nah Eisenbahn, Flugplatz, Hafen und ihre Geräusche sind. Und ganz allmählich wird in seinem Kopf das Haus Form annehmen – und er allmählich wissen,

▌ Landschaft als stetes Erlebnis: deswegen der sich aus allen Räumen des Hauses eröffnende Blick hinaus, so wie hier aus dem Essraum

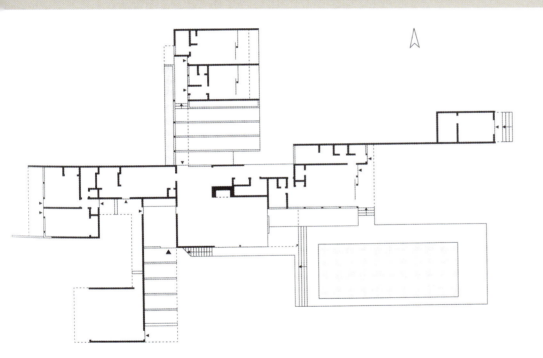

▌ Haus Kaufmann, der Grundriss: im Zentrum die Wohnung mit Terrasse und Schwimmbecken, oben die Gäste, links das Personal

ob er für den Bau den Backstein, Beton, Holz oder eine Stahlkonstruktion und viel Glas empfehlen wird – und spätestens jetzt zum Wichtigsten kommen: zum Grundriss, zur internen, außen ablesbaren Gliederung des Hauses. Werden es viele kleine, leicht abzuschottende, oder offene, fließend ineinander übergehende Räume mit wenigen Türen sein? Eine Küche zum Beispiel, die eines mit dem Essplatz, dem Esszimmer, dem Wohnzimmer bildet (um die Hausfrau beim Kochen nicht von ihren Gästen zu trennen) – oder eine, die kompakt, funktional auf kleinstem Platz konstruiert ist, um die Arbeit zu beschleunigen und der Hausfrau Zeit zu sparen? Wird ein Schwimmbecken gewünscht? Ein Musik-, ein Billardzimmer, eine Skatklause? Und so weiter.

Ist es ein guter Architekt – sagen wir, einer mit der Leidenschaft und der Menschenneugier Richard Neutras oder anderer Meister seinesgleichen –, der auch das Budget des Bauherrn nicht ignoriert, wird ein maßgeschneidertes Haus entstehen, das den Anregungen der Umgebung folgt und die Erwartungen der künftigen Bewohner erfüllt. Es

versteht sich von selbst, dass ein solcher Baumeister regelmäßig die Baustelle kontrolliert, alle Fehler bemerkt und sie unnachsichtig korrigieren lässt. Aus gutem Grund verstehen sich die meisten Architekten immer noch als Generalisten, die sich für alles verantwortlich fühlen.

Muss man da wirklich noch hervorkehren, dass sie in unseren Tagen gehalten sind, umweltfreundlich zu bauen? Baustoffe zu verwenden, die niemandem schaden, von großer Beständigkeit sind? Und Konstruktionen zu finden, mit denen sich der höchste energietechnische Effekt erreichen lässt? Dank derer ein Haus im Sommer als kühl, im Winter als warm empfunden wird, in dem man an Heizkosten spart, im Garten das Regenwasser nutzt? Es gibt übrigens sehr kleine Häuser, die sehr große an architektonischer Qualität weit übertreffen. Und manchmal haben sie unglaublich wenig Geld gekostet, weil sie so raffiniert konstruiert waren, dass der Bauherr und, wer weiß, seine Freunde mit Hand haben anlegen können.

Das, was seit ein paar Jahren die „klassische Moderne" genannt wird – und sich an nahezu allen in diesem Buch versammelten Häusern ablesen lässt –, hat in den zwanziger Jahren begonnen. Es war Nachkriegszeit von bedrückender Armut, aber großem Aufbruchswillen. Und so empfiehlt es sich, dann und wann in Büchern nachzuschlagen, die damals Aufmerksamkeit erregt haben, in einem zum Beispiel, das 1929 unter dem programmatischen Titel „Befreites Wohnen" erschienen ist. Darin ermuntert der später sehr berühmt gewordene Architekturprofessor Sigfried Giedion seine Leser: „Wir wollen bereit sein, vom Haus … als Monument, vom Haus, das uns durch seinen Unterhalt versklavt, vom Haus, das die Arbeitskraft der Frau verschlingt, Abschied zu nehmen. Wir brauchen dafür: das billige Haus, das geöffnete Haus, das Haus, das uns das Leben erleichtert." Und wie verhält es sich mit der Schönheit? Seine Antwort: „Schön ist ein Haus, das unserem Lebensgefühl entspricht. Dieses verlangt: Licht, Luft, Bewegung, Öffnung." Es soll sich den Bedingungen des Terrains anpassen, den Bewohnern es ermöglichen, „in Berührung mit Himmel und Baumkronen zu leben", eines das viel Licht hat, „dessen Räume kein Gefühl von Eingesperrtsein aufkommen" lassen, das seinen Reiz „aus dem Zusammenwirken wohl erfüllter Funktionen" empfange. Und er warnt: Nicht jeder moderne Architekt sei auch schon ein moderner Mensch.

Freilich sollte man vom Architekten nicht zuletzt einen ästhetischen Ehrgeiz erwarten, sodass sein Haus auf Anhieb als betörend schön empfunden wird – oder einen Reiz anderer Art ausübt. Hermann Muthesius, ein Architektenahn der Frühmoderne, hat das noch rigoroser formuliert. Der Architekt müsse „dafür Künstler sein, das heißt, in der Form leben, die Form heilig halten und jede Versündigung gegen die Form als ein Verbrechen empfinden. Das ist eben, was den wahren Architekten ausmacht." Denn zu seinen Aufgaben gehöre es, „dieses untrügliche Gefühl für gute Form auch im Volke überall zu erwecken und zu verbreiten." Es ist dabei ziemlich gleichgültig, ob er für ein

■ Die klassische Moderne stand Pate: Das Haus des Vorarlberger Architekten Oskar Leo Kaufmann lebt von den Sichtbezügen nach draußen (Projekt S. 124).

Haus ein flaches oder ein althergebrachtes Satteldach vorschlägt; wichtiger ist, wie er damit umgehen versteht. **Letztlich aber ist nicht vor allem die Form** das entscheidende Gütemerkmal eines Einfamilienhauses, sondern seine inhaltlich begründete, eine rhythmisch gegliederte oder betont ruhige, seine meisterlich proportionierte, aus dem Inneren und seinen Funktionen entwickelte Gestalt: die Architektur. Denn ein Wohnhaus ist keine Skulptur, deren Qualität sich in ihrer Form erschöpft, sondern ein Gebrauchsgegenstand, mit dem man tagtäglich lebt. Ein Haus, in dem sich schwer zurechtkommen ließe, wäre womöglich eine wunderbare Plastik, aber ein missratenes Gebäude. Und so liegt es an der Kunstfertigkeit des Architekten und der dienlichen Mitarbeit seines Bauherrn, ob seinen Anstrengungen ein sowohl preiswertes als auch preisenswertes Haus entspricht. Als Wegweiser dorthin lässt sich keine bessere Devise denken als die, welche ein Bauherr gegen Ende des 19. Jahrhunderts über dem Eingang zu seiner Stadtvilla in Bad Camberg hat einmeißeln lassen: „Der Stadt zur Würde, dem Platz zur Zierde, mir zu Freude schmück' ich dies Gebäude." Der Schmuck zeigt sich allerdings nicht im Dekor, sondern in der Qualität der Architektur an diesem Ort, um die er bemüht gewesen war.

Es geht in diesem Buch um individuell entworfene Häuser. Und dennoch lässt sich bezweifeln, dass es jemals „das Haus ein für allemal" gebe, somit die „Möglichkeit definitiver Erfüllung", wie es einmal zwei kluge Schweizer Architektur- und Menschenkenner formuliert haben. Wie gut, fügen sie rasch hinzu, denn: „Die Zukunft muss darin noch Platz haben." Zu deren Wesen es freilich gehört, dass wir sie nicht kennen. Doch wir können uns wunderbarer Weise mit uns selber trösten, denn Menschen sind von Natur aus große Anpassungskünstler – und können infolgedessen sicher sein, dass in ihren, ihnen so perfekt angemessenen Häusern eines Tages auch alle diejenigen Bewohner zurechtkommen werden, die nach ihnen davon Besitz ergreifen. Denn sie werden sich im Handumdrehen „darin zurechtrütteln" und bald glauben, sie hätten genau so und kein bisschen anders für sie entworfen und gebaut werden müssen.

PREISTRÄGER | RUINELLI ASSOCIATI ARCHITETTI, SOGLIO/CH

Gemischtes Doppel

WOHN- UND ATELIERHAUS IN SOGLIO/CH

Lageplan

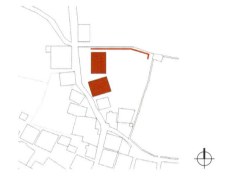

Wie ein ungleiches Zwillingspaar wirkt dieser Wohn- und Atelierkomplex in Soglio, einem malerischen kleinen Bergdorf im Schweizer Kanton Graubünden. Auf einem Grundstück in unmittelbarer Nähe des berühmten Palazzo Salis aus dem 17. Jahrhundert entstand das Sommerdomizil für einen international tätigen Modefotografen. Dabei galt es, ein umfangreiches Raumprogramm zu bewältigen: Der Bauherr, Schweizer mit Wohnsitz in New York, wünschte sich nicht nur einen privaten Rückzugsbereich für sich und seine Familie, sondern wollte zudem ein Fotoatelier in dem Gebäude unterbringen.

Die Kleinteiligkeit und Maßstäblichkeit der umgebenden Bebauung bewog den Architekten Armando Ruinelli dazu, das Volumen in zwei Häuser aufzuteilen, die lediglich im Untergeschoss miteinander verbunden sind. So gelang es ihm, das große Raumprogramm nach außen hin nicht in Erscheinung treten zu lassen: Der Besucher, der vom Dorf herankommt, nimmt zunächst nur zwei eng beieinander stehende Gebäude wahr, die sich in Form und Bauweise unauffällig in die dörfliche Struktur einfügen.

Die Bauten sind längs zur Gasse angeordnet, das eine steinern und verputzt, das andere – in Anlehnung an die Bauernhäuser und Ställe des Dorfes – mit einer Schalung aus Eichenbrettern verkleidet. Auf diese Weise übernehmen die beiden Einheiten sinngemäß die Typologie des Ortes, sowohl was Positionierung als auch Materialwahl betrifft: Das verputzte Gebäude, das direkt an der schmalen Gasse steht, bildet mit dem Zugang das Haupthaus. Der andere Trakt, leicht von der Straße zurückgesetzt und in die Wiese eingebettet, tritt mit seiner Holzschalung auch optisch als Nebengebäude in Erscheinung.

Man betritt das Ensemble im Untergeschoss, in dem neben dem gut 110 Quadratmeter großen Atelier- und Ausstellungsraum des Bauherrn die Fotolabors und Nebenräume untergebracht sind. Über Treppen gelangt man in das Erdgeschoss. Hier befindet sich in dem steinernen, leicht abgesenkten Gebäudetrakt der Wohnraum, im höher liegenden die Küche. Die Schlafräume der Familienmitglieder und Gäste verteilen sich auf die beiden Obergeschosse. Auch wenn die zwei Häuser dicht nebeneinander stehen, müssen die Bewohner, wenn sie vom Wohnraum in die große Essküche gelangen wollen, einen kleinen Schritt ins Freie tun und über ein enges Gässchen laufen – wie es davon Dutzende im Dorf gibt.

So traditionell und archaisch die beiden Gebäude auf den ersten Blick wirken, geben sie sich bei näherem Hin-

▎In der Materialwahl werden die beiden Gebäude nach außen hin differenziert: Das „Haupthaus" hat eine Putzfassade, das „Kochhaus" eine Holzverschalung aus Eichenbrettern – wie die landwirtschaftlichen Nebengebäude in seiner Umgebung.

■ Die beiden Häuser greifen die kleinteilige Maßstäblichkeit der dörflichen Bebauung auf und fügen sich harmonisch in die Landschaft ein. Im Hintergrund die imposante Bergkulisse der Sciora-Gruppe.

sehen klar als Produkte der Gegenwart zu erkennen. Die Stahlschiebefenster und Schiebeläden, die betonierte Pergola und auch die Verarbeitung der Materialien stellen einen sichtbaren Bezug zur zeitgenössischen Architektur her. Die Schlichtheit und mitunter auch Kargheit der äußeren Erscheinung setzt sich konsequent mit der Materialwahl in den Innenräumen fort: Im Eingangsbereich wurden rohe sandgefugte Steine verlegt, die Bodenbeläge in Bädern und Schlafräumen sind aus gestampftem und gewachstem Beton. In Atelier, Essküche und Wohnraum hingegen wurden Eichendielen verlegt. Alle Wände sind vergipst und weiß gestrichen, die Decken bestehen aus rohem Beton. **Auch die meisten Einrichtungsgegenstände** wurden vor Ort hergestellt: Waschtische, Möbelunterbauten und Regale beispielsweise sind aus Beton gegossen. Aus einheimischem Nussbaumholz sind die maßgefertigten Einbaumöbel und die Kochinsel, die sich harmonisch in das Gesamtkonzept einfügen. Einfach spektakulär unspektakulär.

■ Links: Eine Bruchsteinmauer begrenzt die Terrasse vor der Wohnküche, die von einer Betonpergola überdeckt wird. Im Hintergrund ist das Oberlichtband des Fotoateliers zu erkennen.

■ Rechts: Das Haupthaus zitiert mit seinen schlichten Formen und Fensterformaten die traditionelle Architektursprache. Über eine breite Schiebetür lässt sich der Wohnraum in den Garten erweitern.

▌ Oben: Der Wohnraum im Haupthaus. Auch viele Teile des Mobiliars wurden aus Beton gegossen – wie hier das Bücherregal, das in die Wand integriert ist.

▌ Das großzügige Fotoatelier des Bauherrn liegt im Untergeschoss und wird über ein 8 Meter langes Glasband neben der Terrasse belichtet.

▌ Einladend wirkt die große Wohnküche im Erdgeschoss. Der Terrassenboden ist aus Gneis, der im Steinbruch unterhalb des Dorfes gewonnen wird. Die bruchrohen Platten wurden hochkant in schmalen Streifen verlegt.

Büroprofil

Ruinelli Associati Architetti
Atelier 67
CH-7610 Soglio
www.ruinelli-associati.ch
Landschaftsarchitektin:
Jane Bihr-de Salis, CH-Kallern
Studienort:
Armando Ruinelli Architekt
REG A/SIA/SWB/Fernando
Giovanoli Architekt FH:
Autodidakt/FH Lugano (TI)

Eigenes Büro:
seit 1985, seit 1999
in Büropartnerschaft
mit Fernando Giovanoli
Anzahl der Mitarbeiter:
2
Arbeitsschwerpunkte:
Wohnungsbau, Öffentliche
Bauten, Gewerbebauten,
Landwirtschaftliche Bauten,
Innenausbau

Arbeits- und Entwurfsphilosophie:
Das Erkennen des Spezifischen
des Ortes und die
Thematisierung der Umgebung
im Kontext.

Gebäudedaten

Grundstücksgröße: 888 m²
Wohnfläche: 340 m²
Zusätzliche Nutzfläche: Atelier 220 m²
Anzahl der Bewohner: 4 – 6
Bauweise: Massivbau
Baukosten je m² Wohn- und Nutzfläche: 4.500 SFr
Baukosten gesamt: 2.520.000 SFr
Fertigstellung: 2003

▌ Schlichte Materialien und einfache Verarbeitung bestimmen die Innenräume: Sichtbeton, weiß gestrichene Wände und Eichenholzdielen. Die massive Platte des Bartresens ist aus Walnussholz.

▌ Puristisch wirkt auch das Interieur im Schlafbereich mit rohem Beton an Boden und Decke. In dem Raumteiler aus aus geöltem Nussbaumholz ist das Bad untergebracht.

Urteil der Wettbewerbsjury:

Der Entwurf geht in äußerst sensibler Weise auf den Ort ein und stellt ein herausragendes Beispiel für das Bauen im Bestand dar. Indem das umfangreiche Raumprogramm unter der Erde und in zwei Häusern organisiert wird, bleibt der kleinteilige dörfliche Maßstab gewahrt. Das Ensemble übernimmt sowohl in Dimension, Positionierung als auch in Form, Farbe und Material die Typologie seiner Nachbarschaft und fügt sich unauffällig in den baulichen Kontext ein. Bei aller bescheidenen Zurückhaltung gibt es sich in Raumkonzeption und Detaillierung deutlich als modernes Gebäude zu erkennen. Mit seiner sorgfältigen Ausarbeitung und materialbewussten Gestaltung steht es für eine zeitgemäße und zugleich zeitlose Architektur, die ihre besonderen Qualitäten auch im geschickten Bezug zur Umgebung entfaltet.

Der Entwurf wurde mit einem der drei gleichwertigen Preise ausgezeichnet.

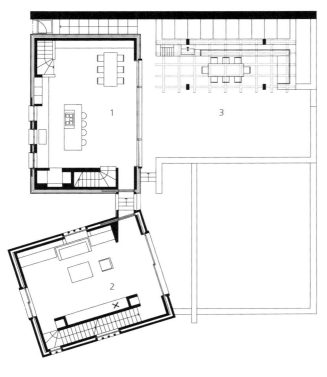

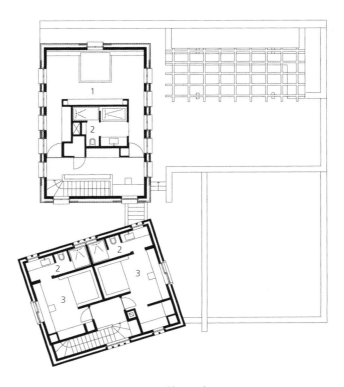

Erdgeschoss
M 1:250

1 Kochen, Essen
2 Wohnen
3 Terrasse

Obergeschoss
M 1:250

1 Eltern
2 Bad
3 Kinder, Gäste

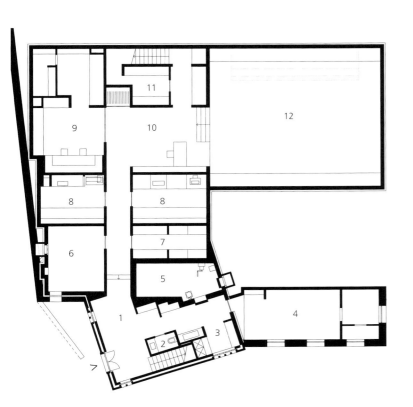

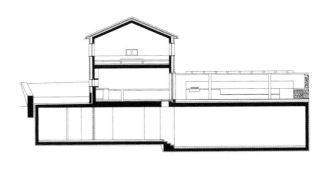

Schnitt
ohne Maßstab

Untergeschoss
M 1:250

1 Eingang
2 WC
3 Waschraum
4 Lager (Kaltraum)
5 Schutzraum
6 Technik
7 Archiv
8 Dunkelkammer
9 Bildbearbeitung
10 Büro
11 Materiallager
12 Atelier

PREISTRÄGER | KEHRBAUM ARCHITEKTEN, AUGSBURG

Lifting für einen Oldtimer

EINFAMILIENHAUS IN KAUFBEUREN

Lageplan

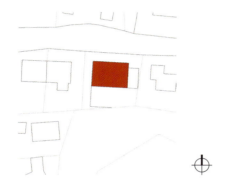

Solide Architektur, gut erhaltene Bausubstanz, idyllische Lage direkt an einem Biotop – und dazu noch ein traumhafter Blick in die Berge: Das Apartmenthaus aus den 1960er Jahren in einer der schönsten Gegenden von Kaufbeuren hatte einiges zu bieten. Trotzdem fand sich zunächst kein Käufer, der das alte Gebäude zu neuem Leben erwecken wollte.

Der Architekt Klaus Kehrbaum hingegen war von den offensichtlichen Vorzügen schnell überzeugt und griff kurzentschlossen zu. Bevor er das Haus jedoch mit seiner Familie beziehen konnte, musste er das Nutzungskonzept einer Radikalkur unterziehen. Statt kleinteiliger Apartments entstand auf diese Weise ein großzügiges, modernes Wohnhaus.

Das Tragkonzept des wohl proportionierten Schottenbaus blieb dabei im Wesentlichen unverändert. Völlig neu hingegen ist die Organisation der Räume. Sie orientiert sich nicht nur an den heutigen Bedürfnissen der Bewohner, sondern erlaubt zudem auch langfristig größtmögliche Flexibilität. Das Nutzungskonzept sieht neben dem großen offenen Tageswohnraum mit Küche und Essplatz in der Eingangsebene einen Abend- und Schlafbereich für die Eltern, sowie ein Gästeapartment im Gartengeschoss vor. Die Kinder sind in zwei weiteren separaten Apartments untergebracht, im Dachgeschoss befindet sich ein Archivraum, der bei Bedarf auch zum Büro ausgebaut werden kann. Diese Aufteilung ist aber nur eine von vielen Möglichkeiten: Beispielsweise könnte der Wohnbereich eines Tages auch als Büro genutzt werden oder die Kinderapartments wieder als separate Wohnungen vermietet werden – ein Haus für alle Fälle.

An seiner Eingangsseite im Norden gibt sich der Bau verschlossen, Boden und Dach sind mit Platten, Wände mit Riemchen aus mattgrau schimmerndem brasilianischem Ölschiefer belegt. Auf der Gartenseite hingegen erstrahlt das Haus in klassischem Weiß und öffnet sich mit deckenhohen Glasfronten und durchgehenden Loggien zur Landschaft hin. In Material- und Farbwahl orientierte sich der Architekt ganz an den Erbauungsjahren – so entstand eine „Hommage an die 60er Jahre". Nicht ohne jedoch die Bausünden aus der damaligen Zeit zu beheben: Dach, Wände und Decken sowie die auskragenden Balkonplatten wurden nachträglich gedämmt.

Ein innovatives Energiekonzept bringt das Haus auch technisch auf den neuesten Stand. Thermische Kollektorflächen auf dem Dach speisen Energie in einen Vario-

▌ Blick auf die Eingangsseite im Norden. Fassade und Dach sind vollständig mit brasilianischem Ölschiefer verkleidet, der den kompakten Bau als homogene Einheit erscheinen lässt.

speicher, der vor allem der Brauchwassererwärmung dient. Nachgeschaltet ist ein ebenfalls mit Wasser befüllter Massenspeicher, der in Modulbauweise in den ehemaligen Laubengang eingesetzt wurde. Mit dieser Energie wird das Haus mild und gleichmäßig temperiert. Unter dem Putz der Decken und in dem Vlies der Böden sind Kapillaren eingebettet, die mit niederen Vorlauftemperaturen von nur 30° Celsius für ein angenehmes Klima sorgen. Spätabends kann überflüssige Raumwärme in andere Bereiche, etwa die Bäder, gepumpt werden oder gelangt als Reserve in die Massenspeicher zurück. Ein Kaminofen dient als Zusatzheizung, eine Therme mit Stadtgas stellt die Versorgung an den wenigen sonnenarmen Tagen im Jahr sicher. Im Sommer wird die überschüssige Solarenergie in das kleine Außenschwimmbecken umgeleitet.

Nach ihrer Verjüngungskur präsentiert sich die Villa nicht nur in einem neuen Gewand, das dem Zeitgeist ihrer Entstehungsjahre entlehnt ist, sondern entspricht auch in technischer und ökonomischer Hinsicht heutigen Ansprüchen – ein moderner Klassiker.

▌ Im Erdgeschoss fanden die größten Veränderungen statt: Die kleinteilige Schottenstruktur wurde aufgehoben, sodass ein großzügiger Wohnraum entstand, der sich über Schiebetüren auf die vorgelagerte Loggia erweitern lässt.

▌ Oben: Das Apartmenthaus vor dem Umbau: Die „inneren Werte" des unscheinbaren Hauses offenbaren sich erst auf den zweiten Blick.

▌ Mitte: Mehr Durchblick – in die Außenwand an der Nordwestseite wurde eine breite Öffnung gebrochen, die Laubengang und Loggia vor dem Wohnraum zusätzlich belichtet.

▌ Unten: Offen und einladend präsentiert sich das Haus auf seiner Gartenseite. In das Dach sind Solarthermie- und Fotovoltaikelemente integriert, die für umweltfreundliche Wärme- und Stromerzeugung sorgen.

▎Oben: Der geschützte Atriumgarten mit Schwimmbecken auf der Südseite verzahnt das Haus mit der Landschaft. Auch die äußeren Umfassungsmauern sind mit Schiefer verkleidet.

▎Unten: Blick in den Abendwohnbereich der Eltern im Gartengeschoss. Eine Glaswand sorgt für Transparenz.

Urteil der Wettbewerbsjury:

Das Projekt ist ein äußerst gelungenes Beispiel für die Modernisierung alter Bausubstanz. Das Konzept zeigt in eindrucksvoller Weise, wie man einen Altbau aus den 1960er Jahren durch sensible Eingriffe in die bestehende Struktur, geschickte Neuorganisation des Grundrisses und adäquate architektonische Gestaltung in ein modernes Gebäude verwandeln kann. Die neue Raumaufteilung bietet den Bewohnern auch langfristig bei sich ändernden Familienverhältnissen größtmögliche Flexibilität. Zusammen mit dem Einsatz innovativer Technologien im Energiebereich ist eine zeitgemäße Architektur entstanden, die heutigen Wohnansprüchen in jeder Hinsicht gerecht wird.

Der Entwurf wurde mit einem der drei gleichwertigen Preise ausgezeichnet.

■ Kommunikativer Familientreffpunkt ist die offene Kochzeile mit angrenzendem Essplatz. Wenige Materialien bestimmen den Innenraum: Das Nussbaumholz der Arbeitsplatte wiederholt sich in Bodenbelag und Fenstern.

■ In den Kinderzimmern blieb die alte Schottenstruktur erhalten – die beiden Apartments reichen jeweils über zwei Ebenen, die mit innen liegenden Treppen verbunden sind.

■ Blick in den laubengangähnlichen Verteilerflur an der Nordseite. Über einen Lichtgraben aus mattiertem Glas fällt Tageslicht von oben herein. Auch im Innenraum sind Boden und Wände aus grauem Schiefer.

Büroprofil

kehrbaum architekten BDA
Konrad-Adenauer-Allee 35
D-86150 Augsburg
www.kehrbaum-architekten.de
Projektmitarbeit: Simon Habel

Studienort:
Klaus Kehrbaum:
FH Augsburg

Eigenes Büro:
seit 1990

Anzahl der Mitarbeiter:
28 + 2 Freie

Arbeitsschwerpunkte:
Städtebau, Hochbau (u.a. Sonderbauten, Wohnungsbau)

Arbeits- und Entwurfsphilosophie:
„Wenn du ein Schiff bauen willst, so trommle nicht Männer zusammen, um Holz zu beschaffen, Werkzeuge vorzubereiten, Aufgaben zu vergeben und die Arbeit einzuteilen, sondern wecke in ihnen die Sehnsucht nach dem weiten endlosen Meer." (Antoine de St. Exupéry)

Lehrtätigkeit:
Klaus Kehrbaum war 1997 bis 2000 Lehrbeauftragter an der FH Augsburg.

Gebäudedaten

Grundstücksgröße: 990 m²
Wohnfläche: 350 m²
Zusätzliche Nutzfläche: 65 m²
Anzahl der Bewohner: 4
Bauweise: Massivbau
Baukosten je m² Wohn- und Nutzfläche: 1.510 Euro
Baukosten gesamt: 530.000 Euro
Fertigstellung: 2004 (Umbau), ca. 1962 (Altbau)

Dachgeschoss
M 1:250

1 Lichtgraben
2 Archiv (ausbaubar als Büro)
3 Empore Apartment
4 Ankleide

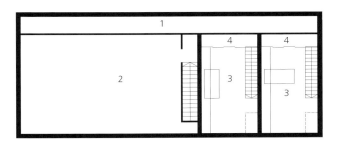

Erdgeschoss
M 1:250

1 Flur mit Lichtgraben
2 Wohnen tags
3 Kochen, Essen
4 Loggia
5 Apartment
6 WC
7 Abstellraum
8 Stellplätze

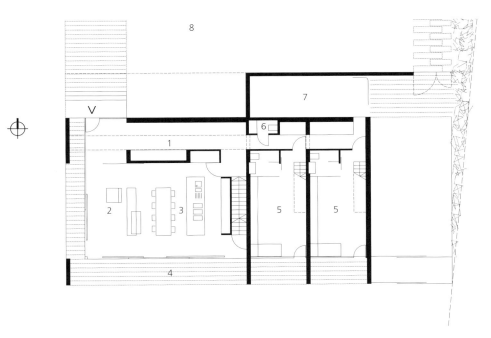

Gartengeschoss
M 1:250

1 Kaltkeller
2 Massenspeicher
3 Sauna
4 WC, Dusche
5 Gast
6 Waschraum
7 Technik
8 Wohnen abends
9 Abstellraum
10 Arbeiten
11 Ankleide
12 Schlafen
13 Bad
14 Kiesgarten
15 Schwimmbecken
16 Atriumgarten
17 Pergola

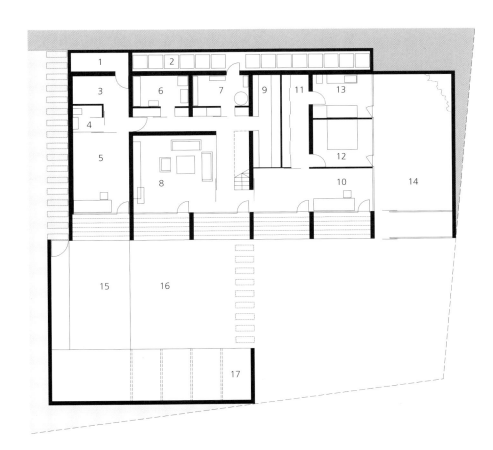

PREISTRÄGER | ARCHITEKTURBÜRO IVAN CAVEGN, SCHAAN/FL

Aus einem Guss

EINFAMILIENHAUS IN KALTBRUNN/CH

Lageplan

Im Westen der Zürichsee, im Osten das Glarnerland: Das Hanggrundstück am Dorfrand von Kaltbrunn, im Kanton Sankt Gallen gelegen, bietet eine herrliche Panoramasicht. Hier, auf einem leicht erhöht über der Talebene liegenden Plateau, das unmittelbar an einen Laubwald angrenzt, baute Architekt Ivan Cavegn ein Wohnhaus für eine fünfköpfige Familie.

Das Gebäude ist als massiver, monolithischer Block konzipiert, aus dem einzelne Öffnungen wie herausgestanzt zu sein scheinen. Mit seiner keilförmigen Grundrissfigur zeichnet es den asymmetrischen Verlauf der Grundstücksgrenzen nach und überträgt diesen in die dritte Dimension: In dem minimal geneigten Satteldach, das quer zur Gebäudemitte verläuft, spiegelt sich dieser leichte Knick in der Optik auch in der Ansicht wider.

Das kompakte Haus, das nach außen hin komplett in grauem Ortbeton erscheint, tritt mit seinem Volumen sowie seiner klaren, scharf umrissenen Form ganz bewusst als eigenständiger Baukörper aus seiner Umgebung hervor. Und bildet damit zugleich einen markanten Abschluss im Übergangsbereich zwischen angrenzender Bebauung – aus vorwiegend älteren Einfamilienhäusern – und dahinter liegendem Wald.

Von einer Plateauebene aus, die etwa 6 Meter über der Zufahrtsstraße erhöht liegt, erschließt man das Haus im Untergeschoss über einen kleinen Innenhof, in dem auch die Stellplätze für die Autos untergebracht sind. Dieser von bis zu 4 Meter hohen Umfassungswänden aus Beton begrenzte Bereich bildet eine introvertierte Außenzone, die nur mit wenigen Elementen gestaltet wurde: Kiesbodenbelag und ein in Beton gegossener Brunnen neben dem Eingang lassen in ihrer schlichten Zurückhaltung eine fast asiatisch anmutende Atmosphäre aufkommen.

Über ein paar Stufen gelangt man ins Innere des Gebäudes, das sich dem Besucher bereits im Eingangsbereich als vielfältige Raumstruktur mit unterschiedlichen Raumhöhen und -situationen präsentiert. Während auf der rechten Gebäudehälfte Technik- und Nebenräume angeordnet sind, grenzt linker Hand ein kleines Atelier an. Es öffnet sich zum Hof mit einem intimen Atrium, das uneinsehbar hinter dicken Betonmauern verborgen liegt.

Der geradläufigen Treppe an der Nordostwand folgend gelangt man ins obere Geschoss, in dem sich die Schlafräume sowie ein Arbeitszimmer befinden. Diese orientieren sich nach Südwesten und haben direkte Ausgänge in den Garten. Die schönste Aussicht mit einem traumhaften

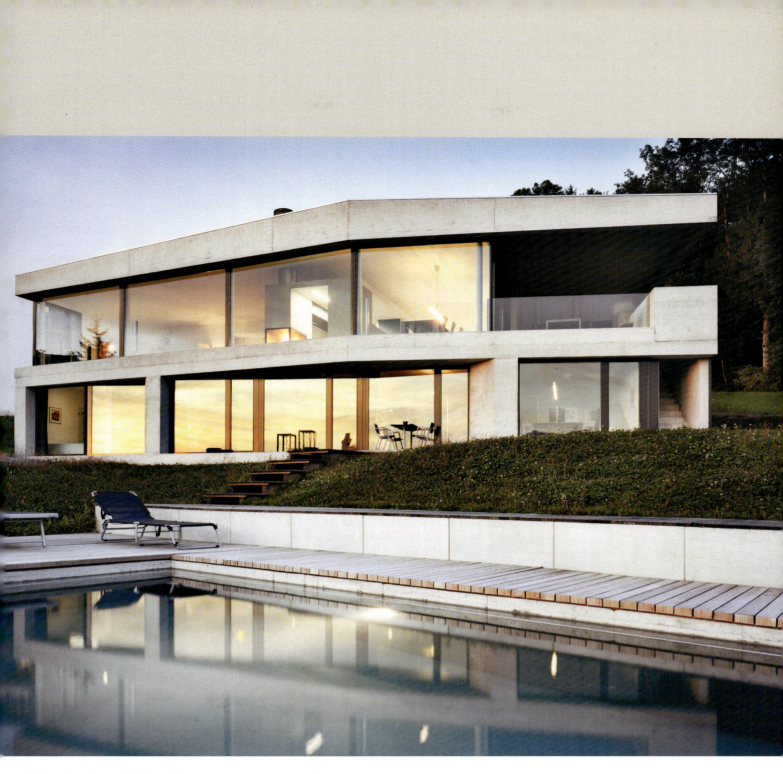

▎ Die rohen Betonwände verleihen dem Haus sein skulpturales Aussehen. Der leichte, keilförmige Knick in der Fassade spiegelt den asymmetrischen Grundstückverlauf wider.

■ Nahezu hermetisch verschlossen präsentiert sich das Haus an seiner Hangseite im Nordosten – und orientiert sich ganz zum Tal, zur Aussicht hin.

■ Interessante Ein- und Ausblicke bietet die geradläufige Treppe, die die offenen Raumfolgen miteinander verbindet.

Panoramablick zur Talebene bietet jedoch der Tagesbereich in der darüber liegenden Etage: Wohn-, Koch- und Essraum gehen ineinander über und öffnen sich mit einer durchgehenden Glasfront weit zur Landschaft hin. Lediglich ein eingestellter Sichtbetonkubus mit integrierter Feuerstelle trennt diese Raumfolgen optisch voneinander ab. Interessante Perspektiven bietet auch die überdachte Aussichtsloggia im Süden, von der aus man über eine Außentreppe in den Garten und zum Swimmingpool gelangt, der der Grundstücksgrenze im Süden folgt. **Der puristischen, reduzierten äußeren Erscheinung** entspricht auch die Gestaltung der Innenräume: Hier beschränkte sich der Architekt auf wenige Elemente und Materialien sowie den Farbkontrast Schwarz-Weiß: Wände und Decken sind mit weißem Glattputz behandelt, der Bodenbelag ist aus weiß eingefärbtem Anhydridestrich gegossen. Sämtliche Einbaumöbel wie auch die Küchenzeile hingegen sind aus schwarz durchgefärbten MDF-Platten gefertigt und auch die Holzaluminiumfenster wurden innen wie außen schwarz lackiert.

▌ Aus der monolithischen Masse sind verschieden große Öffnungen herausgestanzt. An der Südwestseite entsteht eine Loggia als geschützter Freisitz.

▌ Unten links: Weniger ist mehr. Rohe Betonwände und -treppen sowie Kiesbelag verleihen dem Innenhof ein asiatisches Flair. Auch der schlichte Brunnen neben dem Hauseingang wurde als massiver Trog gegossen.

▌ Unten rechts: Die Küche ist als Sichtbeton-Element in den Raum eingestellt, die Möbel wurden aus schwarz durchgefärbten MDF-Platten gefertigt.

▎Blick in den offenen Wohnbereich im Obergeschoss. Ein Sichtbetonkubus mit Kamin trennt ihn optisch von der dahinter liegenden Küche.

▎Wenige Materialien bestimmen die puristisch wirkenden Innenräume: Decken und Wände sind hell verputzt, die Böden sind aus weiß eingefärbtem Anhydridestrich gegossen.

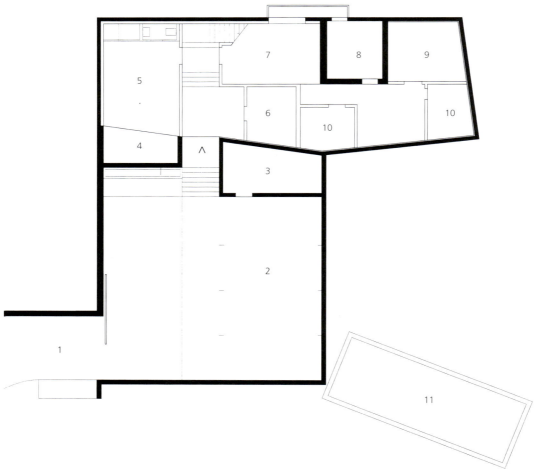

Untergeschoss
M 1:200

1 Zufahrt
2 Überdachte Stellplätze
3 Abstellraum
4 Innenhof
5 Atelier
6 Garderobe
7 Waschküche
8 Schutzraum
9 Technik
10 Lager
11 Swimmingpool

Büroprofil

architekturbüro ivan cavegn
Bendererstraße 33
FL-9494 Schaan
www.cavegn.li
Projektmitarbeit:
Hanspeter Schreiber, Urs Schweizer, Cornelia Bühler, Beat Burgmaier

Studienort:
Dipl.-Arch. BSA Ivan Cavegn:
FH-Liechtenstein, Vaduz
Eigenes Büro:
seit 1995
Anzahl der Mitarbeiter:
2 – 4
Arbeitsschwerpunkte:
Wohnungsbau,
Verwaltungsbauten,
Kulturbauten, Öffentliche Bauten, Industriebauten

Gebäudedaten

Grundstücksgröße: 1.342 m²
Wohnfläche: 210 m²
Zusätzliche Nutzfläche: 90 m²
Anzahl der Bewohner: 5
Bauweise: Massivbau (Sichtbeton)
Baukosten: keine Angaben
Fertigstellung: 2004

Urteil der Wettbewerbsjury:

Das Gebäude zeichnet sich durch seine selbstbewusste, zeitgenössische Architektursprache und seine eigenständige, skulpturale Formgebung aus. In Position und Ausrichtung nimmt der Bau geschickt Bezug zu Grundstück und Topografie. Das große Raumvolumen ist in einer spannenden Erschließungssequenz arrangiert, wobei gleichzeitig die Privatsphären einzelner Wohn- und Schlafbereiche gewahrt bleiben. Grundriss, Konstruktion, Detaillierung und Lichtführung verbinden sich zusammen mit der reduzierten Material- und Farbwahl in den Innenräumen zu einem harmonischen Gesamtkonzept, das den schweren Baustoff Beton leicht und elegant erscheinen lässt.

Der Entwurf wurde mit einem der drei gleichwertigen Preise ausgezeichnet.

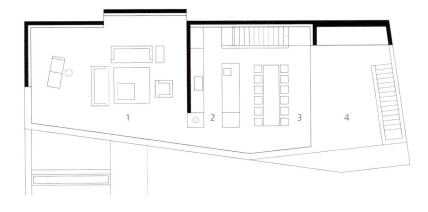

Obergeschoss
M 1:200

1 Wohnen
2 Küche
3 Essen
4 Loggia

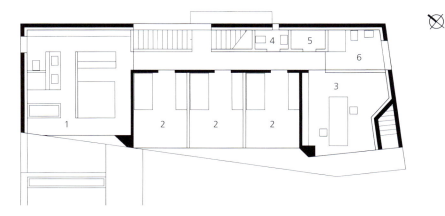

Erdgeschoss
M 1:200

1 Eltern
2 Kind
3 Arbeiten
4 WC
5 Abstellraum
6 Dusche, WC

BAUHERRENPREIS | BERSCHNEIDER + BERSCHNEIDER, PILSACH/NEUMARKT

Modern aus Tradition

EINFAMILIENHAUS IN NEUMARKT

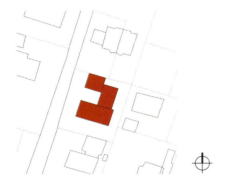

Lageplan

Kleine, kompakte Einfamilienhäuser mit steilen Satteldächern und roten Biberschwanz-Ziegeln bestimmen hier das Straßenbild: Das Wohngebiet inmitten der ehemaligen Residenzstadt Neumarkt in der Oberpfalz ist geprägt von der typischen Bebauung aus der Nachkriegszeit.

Auch das Wohnhaus, das Gudrun und Johannes Berschneider für eine vierköpfige Familie entwarfen, fügt sich auf den ersten Blick unauffällig in diese Umgebung ein: Der einfache, geradlinige Baukörper wirkt schlicht und fast ein bisschen konventionell. Bei näherem Hinsehen stellt man fest, dass das Haus zwar die klare Formensprache der Nachbargebäude aufnimmt, sie jedoch mit modernen Mitteln neu interpretiert. Mit seiner strengen Fassadengliederung sowie den eigenwilligen Fensterformaten und Wandöffnungen haben die Architekten dem Bau ein zeitgemäßes Aussehen verliehen. Er integriert sich harmonisch in die gewachsene Struktur, ohne das Vorhandene zu kopieren oder etwa bewusst auf Kontraste zu setzen.

Da das kleine Grundstück direkt an der Straße liegt, wünschten sich die Bauherren einen abgeschirmten Innenhof, der hell und offen wirken sollte, um auf diese Weise den Wohnraum nach außen zu erweitern – ohne sich dabei eingeschlossen zu fühlen. Ein schlichter Gebäuderiegel mit Flachdach schiebt sich nun im rechten Winkel aus dem Satteldachbau. Zusammen mit der an der Grundstücksgrenze situierten Garage entsteht ein von drei Seiten umschlossenes, intimes Atrium, in das abends die Westsonne hereinfallen kann. Eine Sichtbetonmauer an der Straßenseite schützt vor neugierigen Blicken.

Die Konzeption des Grundrisses ist ganz auf die Bedürfnisse seiner Bewohner – einem Ehepaar mit zwei erwachsenen Töchtern – und die Kommunikation der einzelnen Familienmitglieder untereinander zugeschnitten. Kernstück des Hauses ist der bis unters Dach offene Gemeinschaftsraum mit Koch-, Ess- und Wohnbereich im Erdgeschoss und einer Lesegalerie im Obergeschoss. Ein Kaminofen in der unteren Ebene bildet das Zentrum, um das sich die verschiedenen Raumfolgen gruppieren.

Die Individualräume hingegen sind abgeschirmt, sodass sich jeder Bewohner in seinen privaten Bereich zurückziehen kann. Die Eltern haben im Dachgeschoss ihren Schlafraum mit Bad, den sie über einen offenen Steg von der Lesegalerie aus erreichen. Die Zimmer der Töchter sind im seitlich angelagerten Gebäudeteil untergebracht.

Dem Wunsch der Bauherren nach Ökologie und Energieeinsparung entsprechend wurde das Haus als Ziegelmauer-

▎Mit seiner schlichten, kompakten Form und dem steilen, rot gedeckten Ziegeldach orientiert sich der Neubau an der gewachsenen Bebauung aus der Nachkriegszeit.

▎Blick auf die Ostseite. Aus der Gebäudehülle sind verschieden große Fensterformate ausgestanzt, die der Fassade einen spannungsreichen Rhythmus verleihen.

■ Die Arbeitsfläche in der Küche wird durch das über Eck laufende Fenster optimal belichtet.

Massivbau – mit 49 Zentimeter dicken Außenwänden – konzipiert. Auch das Steildach hat eine Ziegelmassivdecke mit aufliegender Wärmedämmung. Auf diese Weise konnte ein monolithisch wirkender Block ohne Fugen und Übergänge entstehen.

Die Reduktion auf wenige Farben und Materialien bestimmt das äußere Erscheinungsbild: Die Fassade wurde hell verputzt, Garage und Gartenwand sind in Sichtbeton ausgeführt. Bei der Gestaltung der Freiflächen kam heimischer Jura zum Einsatz. Die Architekten – die übrigens beide auch ausgebildete Innenarchitekten sind – entwarfen nicht nur das Gebäude und die Außenanlagen, sondern zeichnen auch für den kompletten Innenausbau verantwortlich. Auf diese Weise ist ein in sich schlüssiges Gesamtkonzept entstanden, dem man die Planung aus einer Hand bis ins letzte Detail ansieht.

■ Im Winkel zwischen Haupthaus und Kindertrakt entsteht ein geschützter Innenhof. Die Sichtbetonwände kontrastieren mit der Putzfassade – und sind Zitate einer modernen Architektursprache.

■ Rechte Seite oben: Blick in offenen Wohnbereich. Die Wandobjekte dienen nicht nur als Dekoration, sondern verbessern auch die Akustik und sorgen für optimalen Musikgenuss.

■ Rechte Seite unten: Im Erdgeschoss reihen sich Küche, Ess- und Wohnbereich in einer offenen Raumfolge aneinander und sind durch eine Schiebetür mit dem Garten auf der Südostseite verbunden.

Urteil der Wettbewerbsjury:

Der Entwurf stellt eine vorbildliche Lösung für eine „alltägliche" Bauaufgabe auf einem kleinen Grundstück dar. In Form, Proportion und Materialwahl orientiert sich das Haus an der Bautypologie seiner Nachbarschaft, interpretiert diese jedoch mit modernen Mitteln neu. Dabei fällt die reduzierte Gestaltung und klare Linienführung des kompakten Baukörpers angenehm auf. Durch die Abschirmung zur Straße mit einem Innenhof werden die Freiflächen auf der kleinen Parzelle optimal genutzt, sodass ein zusätzlicher, sichtgeschützter Aufenthaltsbereich entsteht. Der Grundriss überzeugt durch seine Offenheit, gute Möblierbarkeit und Flexibilität, die Räume im Anbau können auch separat genutzt werden. Insgesamt eine individuelle Lösung mit besonderen gestalterischen Qualitäten und einem hohen Wohnwert. Der Entwurf wurde mit dem Bauherrenpreis ausgezeichnet.

■ Links: Die Galerie ist ein gemütlicher Leseraum und geräumiger Arbeitsplatz zugleich.

■ Rechts: Der Wohn- und Essraum öffnet sich bis unter das Dach und lässt ein Gefühl von Weite und Großzügigkeit entstehen. Ein Steg verbindet Lesegalerie und Elternzimmer im Obergeschoss.

Schnitt
ohne Maßstab

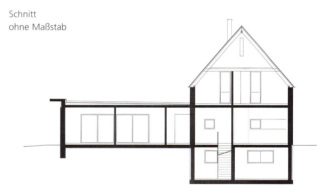

Büroprofil

Berschneider + Berschneider
Architekten BDA + Innenarchitekten
Hauptstraße 12
D-92367 Pilsach/Neumarkt
www.berschneider.com
Projektmitarbeit:
Peter Mederer, Brigitte Seitz
Studienort:
Johannes Berschneider/Gudrun Berschneider: FH Rosenheim (Innenarchitektur),
FH Regensburg (Architektur)
Eigenes Büro:
seit 1984 (Architekten BDA Innenarchitekten Berschneider und Knychalla), seit 2002 Berschneider + Berschneider Architekten BDA + Innenarchitekten
Anzahl der Mitarbeiter:
13
Arbeitsschwerpunkte:
Hochbau (Verwaltungsbauten, Schulen, Wohnungsbau, Wohn- und Geschäftshäuser, Einfamilienhäuser, Gewerbebauten, Sanierung, Umbau, Denkmalschutz), Innenausbau (Wohn- und Geschäftsräume, Praxen, Läden, Gastronomie), Design (Möbel, Leuchten), Bauleitplanung (Bebauungs- und Grünordnungspläne, Eingriffsregelung, Öko-Konto), SiGe-Koordination, Brandschutznachweise
Arbeits- und Entwurfsphilosophie:
– Architektur und Innenarchitektur aus einem Guss
– Gestalterisch und konstruktiv ausgefeilte Details unter Berücksichtigung eines wirtschaftlichen Kostenrahmens
– Klare Formensprache, funktionelle Detailplanung
– Planung und Koordinierung verschiedenster Bauvorhaben: vom Gartenhaus bis zum Museum

Gebäudedaten

Grundstücksgröße: 705 m²
Wohnfläche: 209 m²
Zusätzliche Nutzfläche: 147 m²
Anzahl der Bewohner: 4
Bauweise: Massivbau (Ziegel), Steildach als Ziegelmassivdecke mit aufliegender Wärmedämmung
Baukosten je m² Wohn- und Nutzfläche: 1.109 Euro
Baukosten gesamt: 395.000 Euro
Fertigstellung: 2002

Obergeschoss
M 1:200

1 Bad
2 Eltern
3 Luftraum
4 Lesen, Arbeiten

Erdgeschoss
M 1:200

1 Vorhof
2 Flur
3 Dusche, WC
4 Kind
5 Garderobe
6 Gäste-WC
7 Kochen
8 Essen
9 Wohnen
10 Garage
11 Abstellraum

Untergeschoss
M 1:200

1 Hauswirtschaft
2 Fitness
3 Sauna
4 Hobby

ANERKENNUNG | KNEBEL & VON WEDEMEYER ARCHITEKTEN, BERLIN

Unter Dach und Fach

FERIENHAUS IN AHRENSHOOP

Lageplan

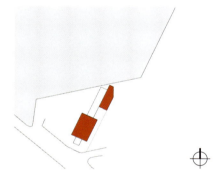

Das Seebad und Künstlerdorf Ahrenshoop, reizvoll zwischen Ostsee und Bodden gelegen, fasziniert mit seiner unberührten Natur seit mehr als einhundert Jahren die Landschaftsmaler. Hier ist das Fischland ein weiter, großzügiger Naturraum, in dem sich Steil- und Flachufer, Wiesen und Wälder, Meer und Binnenwasser abwechseln. Mit dem Umbau des Ferienhauses sollte ein Raum entstehen, der das Gefühl vermittelt, in dieser Landschaft zu wohnen.

Durch zwei Eingriffe in den Bestand gelang es den Architekten, die Kontinuität sowohl des natürlichen als auch des gebauten Raums herzustellen, sodass fließende Übergänge – zwischen Innen und Außen, Architektur und Landschaft – entstehen. Um das Haus in seine natürliche Umgebung einzubetten, wurden die Dachflächen aus Bitumenbahnen mit einem Rankgerüst überspannt, an dem die Pflanzen des Gartens von beiden Seiten hochklettern und über dem First zusammenwachsen können. Als Zweites wurde eine 30 Meter lange Plattform aus Lärchenholz durch das Gebäude gelegt, die den Raum vor, in und hinter dem Haus zu einer Einheit zusammenfasst.

Diese 3 Meter breite Holzplattform wird auf beiden Seiten von verschiedenen Einbauten flankiert und bleibt eine leere, funktional unbestimmte Fläche, die je nach Tages- und Jahreszeit unterschiedlich genutzt werden kann. Dusche und WC verschwinden in einem nur 75 Zentimeter breiten Wandschrank, während Kamin, Küche, Vorratsschränke, Bücherregal und Sofa zur Plattform hin geöffnet sind. Im Gegensatz zur Offenheit des Hauptraums liegt das Schlafzimmer zurückgezogen im Dachgeschoss und kann nur über eine Leiter erreicht werden. Ein kleines Nebengebäude, das im Nordosten an die Plattform andockt, bietet zusätzlich Platz für einen weiteren Schlafraum mit Bad sowie die Sauna und eine Abstellkammer. Die holzverschalten Giebelseiten des Haupthauses öffnen sich in voller Raumhöhe zum Garten. Von innen blickt man auf die umgebende Landschaft, und von außen betrachtet scheint das Haus ein Teil dieser Landschaft zu werden.

Die Frage, wie kleine Räume groß wirken können und wie man die Kontinuität von natürlichem und gebautem Raum bewirken kann, hatte die Architekten bereits vor diesem Auftrag – in einer Studie über Minihäuser in Japan – intensiv beschäftigt. Mit dem Umbau bot sich ihnen erstmalig die Gelegenheit, dieser theoretischen Frage auch eine praktische Antwort folgen zu lassen.

▌Gut bedacht: Das kleine Ferienhaus bietet auf engstem Raum alles, was man zum Wohnen braucht. Eine 30 Meter lange Holzplattform fasst den Raum vor, in und hinter dem Haus zu einer Einheit zusammen.

▌Die Rankpflanzen – Clematis, Rosen, Blauregen und Geißblatt – sind so gewählt, dass sie zu unterschiedlichen Jahreszeiten und in unterschiedlichen Farben blühen.

▌Mit seiner dunklen Dachhaut aus Bitumenbahnen fügt sich das Haus unauffällig in die umgebende Landschaft ein. Als Rankgerüst dienen verzinkte Stahlkastenprofile.

▮ Viel Platz auf wenig Raum: Die 3 Meter breite Lärchenholzplattform wird im Innern von funktionalen Einbauten flankiert. Kochzeile, Schränke und Regale sind in die Seitenwände integriert.

Büroprofil

Knebel & von Wedemeyer Architekten
Knaackstraße 80
D-10435 Berlin
www.kvw-architekten.de
Studienort:
Nikolaus Knebel/Henning von Wedemeyer: TU Berlin,
TU Delft (Niederlande),
NUS Singapore (Singapur)/
FH Hannover, HdK Berlin
Gemeinsames Büro:
seit 2003
Anzahl der Mitarbeiter:
1

Arbeitsschwerpunkte:
– Entwerfen und Bauen von Wohn-, Büro- und Ausstellungsgebäuden
– Forschen und Publizieren über Baukultur in Japan, Afrika und Europa
– Lehren von Grundlagen der Architektur und des Bauens
Arbeits- und Entwurfsphilosophie:
Hinsehen, zuhören, einfühlen, quer denken, verstehen, vorschlagen, auflösen, umschichten, einfügen, klarstellen, aufmerken, verblüffen, einleben, zurücklehnen, genießen.

Lehrtätigkeit:
Nikolaus Knebel/Henning von Wedemeyer: Gastkritiken an verschiedenen Hochschulen. Nikolaus Knebel war außerdem 2000 Projektleiter eines Workshops an der University of Hong Kong und 2002 Projektleiter eines Weiterbildungsseminars im städtebaulichen Entwerfen in Addis Abeba, Äthiopien. Seit 2003 ist er wissenschaftlicher Mitarbeiter am Lehrstuhl für Entwerfen und Baukonstruktion an der Brandenburgischen Technischen Universität Cottbus.

Gebäudedaten

Grundstücksgröße: 600 m²
Wohnfläche: 80 m²
Zusätzliche Nutzfläche: 10 m²
Anzahl der Bewohner: 1 – 6
Bauweise: Holzbau
Baukosten je m² Wohn- und Nutzfläche: 890 Euro
Baukosten gesamt: 80.000 Euro
Baujahr: 2003

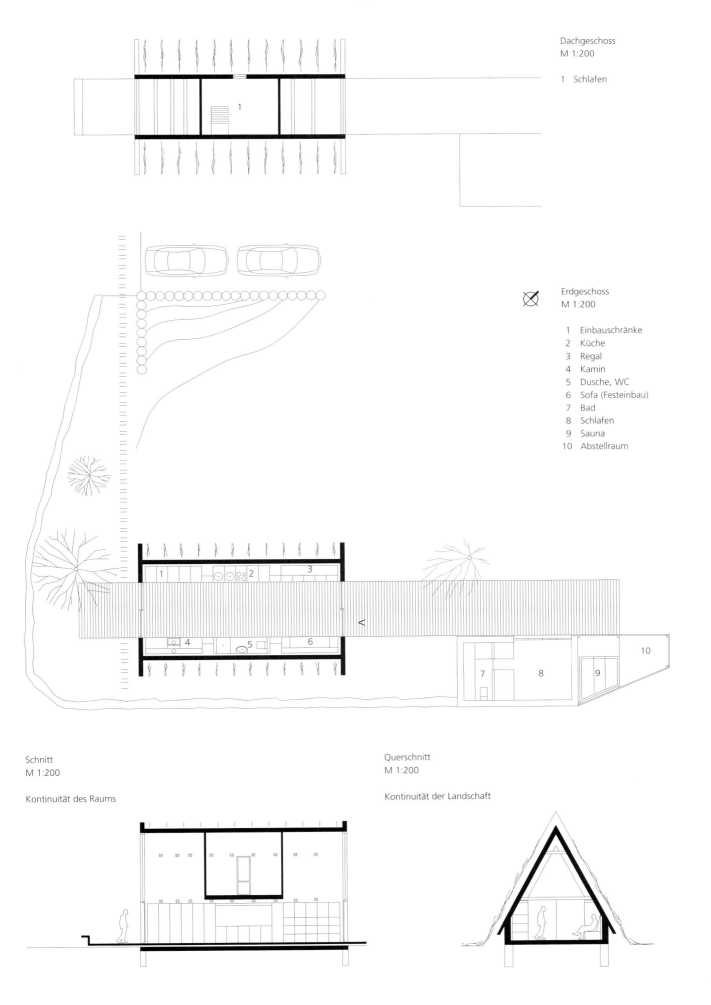

Dachgeschoss
M 1:200

1 Schlafen

Erdgeschoss
M 1:200

1 Einbauschränke
2 Küche
3 Regal
4 Kamin
5 Dusche, WC
6 Sofa (Festeinbau)
7 Bad
8 Schlafen
9 Sauna
10 Abstellraum

Schnitt
M 1:200

Kontinuität des Raums

Querschnitt
M 1:200

Kontinuität der Landschaft

ANERKENNUNG | ANNE KLEINLEIN, BERLIN

Vermittlerrolle

EINFAMILIENHAUS IN BERLIN

Lageplan

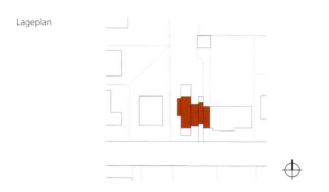

Stattliche Villen aus der Gründerzeit stehen hier inmitten großer Gärten: Das Viertel im Berliner Bezirk Steglitz-Zehlendorf gehört zu den bevorzugten Wohnlagen. Aber auch hier haben sich im Laufe der Zeit architektonische Ausreißer eingeschlichen. Beidseits des Grundstücks prallen die baulichen Gegensätze aufeinander: Während auf der Westseite eine denkmalgeschützte Villa steht – als typisches Beispiel der Bebauung aus der Jahrhundertwende –, wird das Areal im Osten von der Brandwand eines Geschosswohnungsbaus aus den 1970er Jahren flankiert.

Der Neubau stellt sich der Aufgabe, zwischen diesen beiden ungleichen Nachbarn zu vermitteln: Durch den Anbau an die Brandwand gelang es der Architektin einerseits, die optisch unbefriedigende Situation zu lösen, andererseits einen Übergang zwischen offener und geschlossener Bauweise herzustellen. Dabei hält das neue Wohnhaus respektvoll Abstand zum Einzeldenkmal auf der Linken. Mit seiner Höhenentwicklung vermittelt es zwischen den unterschiedlichen Baukörpern und staffelt sich langsam bis zur Traufe der Villa herab.

Das Thema der Wandscheiben wurde, angeregt durch die Auseinandersetzung mit der Brandwand, auch zum zentralen Entwurfsmotiv. Die Schotten dienen als Gliederungselement und treten nach außen hin deutlich in Erscheinung. Durch ihre Vor- und Rücksprünge nehmen sie die unterschiedlichen Bautiefen der Nachbarhäuser auf und stellen sichtbare Bezüge zur umgebenden Bebauung – Erker, Gauben und Balkone – her.

Auch im Innern des Hauses ist die streng lineare Gliederung – in parallel verschobene, versetzt liegende Streifen unterschiedlicher Breiten und Höhen – deutlich spürbar. In einem dreigeschossigen Trakt neben der Hofeinfahrt liegen der Zugang und die vertikale Erschließung der Räume in den beiden oberen Etagen. Im Erdgeschoss befindet sich der zentrale Gemeinschaftsbereich mit Küche und großem Wohn-/Essraum. Eine Dachterrasse über diesem nur eingeschossigen Baukörper bietet den Bewohnern eine optimal besonnte Freifläche und entschädigt sie für den meist schattigen Garten im Norden.

Das Streifen-Modell ist optimal auf die Vorgaben der Bauherren abgestimmt, die sich einen möglichst flexiblen Grundriss wünschten: Mit wenigen Eingriffen lässt sich das Haus geänderten Nutzungsansprüchen anpassen. Dabei ist eine Aufteilung in drei separate Wohnungen ebenso denkbar wie beispielsweise die Nutzung des Erdgeschosses als Büro mit eigenem Zugang von der Straße.

▮ Breite Öffnungen zwischen den Schotten sorgen für optimale Belichtung der Innenräume. Ein unterschiedlich dichter Vorhang aus horizontal verlaufenden Zedernholzlamellen verhüllt die Glasfassade.

▮ Der Neubau schließt direkt an die Brandwand des dreigeschossigen Mehrfamilienhauses auf der Rechten an und nimmt mit seiner Höhen- und Tiefenstaffelung Bezüge zur umgebenden Bebauung auf.

■ Blick auf den Essplatz, dem eine kleine Südterrasse vorgelagert ist. Auch in den Innenräumen wird die streng lineare Gliederung durch die Schottenstruktur deutlich spürbar.

■ Rechts: Der Raumteiler zwischen Wohn- und Essbereich ist nicht nur schön, sondern auch praktisch: Hinter dem Regal verbirgt sich die Entwässerung der Dachterrasse.

■ Unten links: Die in Längsrichtung verlaufenden Raumschichten werden über quer liegende Achsen miteinander verbunden. Hier der Blick vom Eingangsflur an der Garderobe vorbei in den Wohnbereich.

■ Unten rechts: Das eichenfurnierte Küchenmöbel mit eingeschnittenen „Benutzerkisten" ist als Objekt in den Raum gestellt.

Büroprofil

Anne Kleinlein
Handjerystraße 85
D-12159 Berlin
kleinlein.stuchtey@snafu.de
Projektmitarbeit:
Werner Mayer-Biela,
Matthias Stuchtey

Studienort:
Anne Kleinlein:
Gesamthochschule Kassel,
TU München, Southbank
Polytechnic London (England)

Eigenes Büro:
seit 1994

Anzahl der Mitarbeiter:
1 – 2

Arbeitsschwerpunkte:
Wohnungsbau, Möbel,
Wettbewerbe

Arbeits- und Entwurfsphilosophie:
Am Anfang steht das Aufspüren der spezifischen Eigenarten des Ortes und die Suche nach einer prägnanten Idee. Der Entwurf soll untrennbar mit dem Ort verwachsen und ihn gleichzeitig unverwechselbar prägen. Ein besonderes Anliegen ist es, die konzeptionellen Grundgedanken eines Entwurfs durch alle Planungsphasen hindurch lebendig zu halten

Lehrtätigkeit:
Entwurfsbetreuung im Rahmen des Programms „Architektur und Schule" der Architektenkammer Berlin

Gebäudedaten

Grundstücksgröße: 1.283 m²
Wohnfläche: 345 m²
Zusätzliche Nutzfläche: 125 m²
Anzahl der Bewohner: zzt. 5
(Aufteilung in bis zu
3 Wohneinheiten möglich)
Bauweise: Massivbau
Baukosten je m² Wohn- und
Nutzfläche: 1.360 Euro
Baukosten gesamt:
640.000 Euro
Fertigstellung: 2003

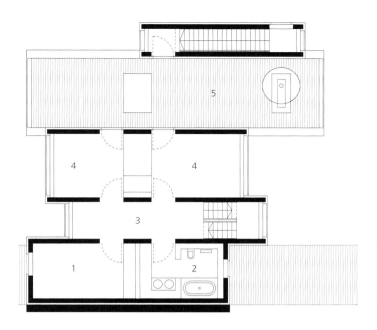
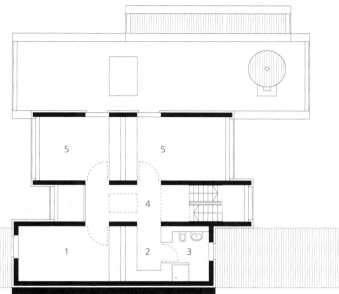

1. Obergeschoss
M 1:200

1 Zimmer/Option Küche
2 Bad
3 Flur
4 Zimmer
5 Dachterrasse

2. Obergeschoss
M 1:200

1 Zimmer/Option Küche
2 Abstellraum
3 Bad
4 Flur
5 Zimmer

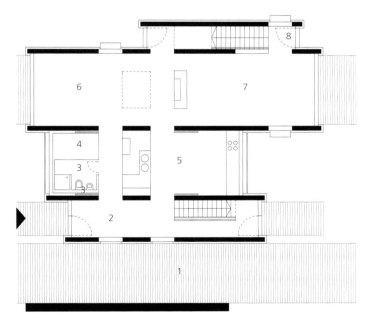

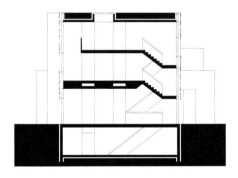

Erdgeschoss
M 1:200

1 Durchfahrt
2 Eingang
3 WC
4 Abstellraum
5 Küche
6 Essen
7 Wohnen
8 Aufgang zur Dachterrasse

Schnitt
ohne Maßstab

ANERKENNUNG | HOLGER KLEINE ARCHITEKTEN, BERLIN

Kreisthema mit Variationen

SCHREIBHAUS IN WUNSTORF

Lageplan

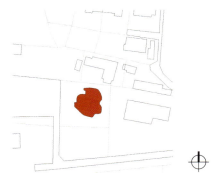

Am Ufer des Steinhuder Meeres bei Hannover besaß die Familie der Bauherren bereits ein kleines Ferienhaus, das in den 1930er-Jahren auf ein Bootshaus aufgestockt worden war. Und das mittlerweile nicht mehr den Bedürfnissen seiner Bewohner entsprach: Da die Familie häufig Gäste empfängt und die Eltern zudem – beide sind Schriftsteller – mehrmals jährlich Schreibseminare abhalten, fiel der Entschluss, auf einem nahe gelegenen Grundstück ein „Zweithaus" zu bauen. Dieses Haus wird nun in zyklischem Wechsel als Feriendomizil, Gästehaus, kleine Seminarstätte oder privates Refugium genutzt.

Der Neubau liegt etwa 60 Meter vom Seeufer entfernt und wird über eine Privatallee erschlossen. Seiner heterogenen baulichen Umgebung gegenüber mit Einfamilienhäusern unterschiedlichster Stilrichtungen verhält sich das Gebäude auf freundliche Weise distanziert: Der Architekt konzipierte das Haus – nicht zuletzt auch seiner Funktion als Schreibklause und meditativem Rückzugsbereich entsprechend – als introvertierten Baukörper, der eine bewegte Ruhe ausstrahlen und in seinem Inneren ein behagliches Klima vermitteln sollte.

Alle Räume des nur 112 Quadratmeter großen Hauses sind aus einer einzigen Grundform, dem Kreis abgeleitet. Sie stellen sich entwickelnde Variationen dieser Form dar, die mit Ausbuchtungen und Nischen vom Mittelpunkt des Kreises wegstreben. Gewissermaßen den Höhepunkt dieser Variationen bildet die große Wohnküche im Eingangsbereich, in der der Kreis als geometrische Form zwar Gestalt gebend, aber für den Betrachter nicht mehr unmittelbar ablesbar ist. Eine mehr als 5 Meter lange Glasschiebewand gibt hier den Blick in den Garten frei und stellt die Verbindung zwischen Innen- und Außenraum her.

Unter dem leicht geneigten Pultdach weitet sich der zweigeschossige offene Wohnraum von der Küche aus hin zu einer skulpturalen Wand. Der Bewegtheit der sich verschneidenden Kreissegmente hat der Architekt mit dem durchgängigen Weiß von Decken, Wänden und Galerien optische Ruhe entgegengesetzt. Über eine Treppe, die der leicht geschwungenen Wand folgt, gelangt man in das Turmzimmer und zur Dachterrasse. Dieser kleine Raum, der als Schreib- und Denkklause fungiert, stellt den Endpunkt der Aufwärtsspirale dar und bildet gleichzeitig das Vordach des Hauses. Von hier aus blickt man durch ein gebogenes Langfenster direkt in die Baumkronen, die wie eine geschlossene grüne Wand erscheinen und die Nähe zur Natur spürbar werden lassen.

▌Das kleine Holzhaus passt sich mit seiner Kiefernholzbeplankung zurückhaltend seiner natürlichen Umgebung an. Mit einer breiten Glasfront öffnet sich der Wohnraum im Erdgeschoss zum Garten hin.

▎ Unten: Alle Räume basieren auf einer einzigen Grundform, dem Kreis, und entwickeln sich in exzentrischen und konzentrischen Bewegungen aus dieser Form heraus.

▎ Oben: Die Aufwärtsbewegung des Hauses endet mit dem Turmzimmer im Nordwesten. Mit seiner leichten Auskragung beschirmt es den darunter liegenden Eingangsbereich.

▎ Rechts oben: Blick vom Eingangsflur auf die gebogene Wand des Treppenhauses, die den Wohnbereich vom Schlaftrakt mit den Nasszellen abtrennt.

▎ Rechts unten: Eine runde Sache – der offene Wohn- und Kochbereich bildet das Zentrum des kleinen Hauses. Er ist gleichzeitig auch der Höhepunkt der Kreis-Variationen.

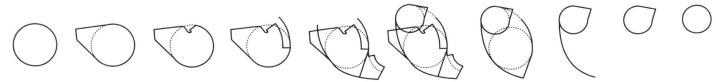

▌ Mit elegantem Schwung führt die Betontreppe hinauf ins Turmzimmer und auf die Dachterrasse.

▌ Die Kreisform ist auch im Bad gestaltgebend: Dusche und Wanne schaffen sich eigene Nischen, das zylindrische Waschbecken besetzt den Mittelpunkt und wird durch das runde Oberlicht angestrahlt.

Büroprofil

Holger Kleine
Gesellschaft von Architekten mbH
Lützowstraße 102–104/c
D-10785 Berlin
www.holgerkleinearchitekten.de
Projektarchitekten: Holger Kleine, Constantin von der Mülbe, Alexandra Barre, Almut Seegert
Studienort:
Dipl.-Ing. Holger Kleine:
Cooper Union, New York
(Bachelor of Architecture);
TU Berlin
Eigenes Büro:
seit 1999
Anzahl der Mitarbeiter:
7
Arbeitsschwerpunkte:
Wohnungsbau, Innenausbau, Möbelbau, Öffentliche Bauten (u.a. Neubau Deutsche Botschaft Warschau)
Arbeits- und Entwurfsphilosophie:
Räume schaffen, facettenreiche Räume, die sich nicht auf den ersten Blick, sondern erst in der Bewegung erschließen. Durch die der neugierige Blick immer wieder gern schweift. Deren Atmosphäre sich im Licht wandelt. Deren Komplexität Spur leidenschaftlicher Bewegung ist und zur Kontemplation einlädt. Die bequem, großzügig und flexibel sind.

Lehrtätigkeit:
Holger Kleine war von 1995 bis 2000 wissenschaftlicher Mitarbeiter an der TU Berlin.

Gebäudedaten

Grundstücksgröße: 600 m²
Wohnfläche: 112 m²
Zusätzliche Nutzfläche: 38 m²
Anzahl der Bewohner: 2
Bauweise: Holzständerbau
Baukosten je m² Wohn- und Nutzfläche: 3.333 Euro
Baukosten gesamt: 500.000 Euro
Fertigstellung: 2004

Obergeschoss
M 1:200

1 Schreibzimmer
2 Luftraum
3 Terrasse

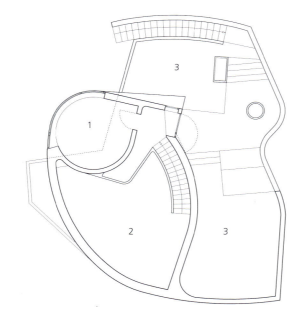

Erdgeschoss
M 1:200

1 Eingang, Flur
2 Wohnen
3 Kochen
4 Schlafen
5 Bad
6 WC
7 Waschen
8 Technik
9 Garage

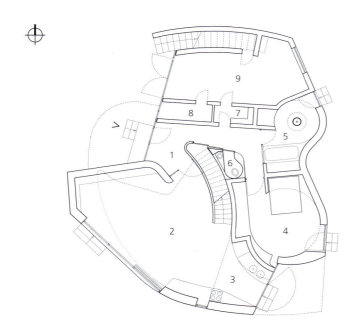

▍Plastisches Gestalten:
Der Innenraum wirkt wie eine bewohnbare Skulptur. Hier der Blick auf die Brüstung der Galerie.

Schnitt
M 1:200

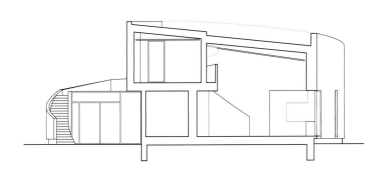

53

ANERKENNUNG | EISENBERG ARCHITEKTEN, GELSENKIRCHEN

Dunkle Schale, heller Kern

EINFAMILIENHAUS IN GELSENKIRCHEN

Lageplan

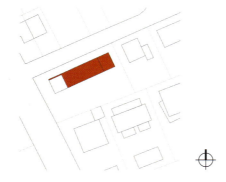

Ein offenes, weiträumiges Haus – und viel Platz für ihre wachsende Familie: Mit diesem Wunsch traten die Bauherren an die Architekten heran, nachdem sie sich entschlossen hatten, im Osten von Gelsenkirchen ein neues Domizil zu bauen. Das Grundstück, in einem Neubaugebiet auf einem ehemaligen Fabrikgelände gelegen, ist umgeben von Siedlungsbauten aus den 1920er-Jahren, die – wie viele Industrie- und Wohngebäude im Ruhrgebiet – mit den ortstypischen dunklen Klinkern verkleidet sind.

Das großzügige Einfamilienhaus, das Eisenberg Architekten konzipierten, orientiert sich in der Materialwahl seiner Außenhaut an dieser Tradition: Die Wände sind mit Klinkern verblendet, die in verschiedenen Blau- und Brauntönen changieren und der glatten Fassade je nach Lichteinfall ein lebhaftes Aussehen verleihen.

Der lang gestreckte Baukörper rückt dicht an die nördliche Grundstücksgrenze heran, sodass auf der Südseite ausreichend Platz für drei voneinander getrennte Terrassen und eine große Rasenfläche bleibt, auf der die Kinder Fußball spielen können. Aus der weitgehend geschlossenen Straßenfront hebt sich nur der Eingang als tiefer liegende Öffnung deutlich hervor. Ganz anders präsentiert sich das Haus zum Garten hin: Große Glasflächen sorgen für Ein- und Ausblicke, breite Schiebetüren im Erdgeschoss verzahnen das Gebäude mit dem Grün.

Auch im Grundriss wird die konsequent lineare Ausrichtung deutlich spürbar: Entlang der Nordseite reihen sich die dienenden Funktionen – Eingang, Treppe und Bäder – aneinander. Auf der Südseite sind im Erdgeschoss der Wohn-, Ess- und Kochbereich, im Obergeschoss die Schlafräume untergebracht. Ein Luftraum, der die obere mit der unteren Ebene verbindet, schafft eine räumliche Zäsur in der sonst strengen Geometrie des Hauses.

Dem klaren Konzept entspricht auch die zurückhaltende Gestaltung der Innenräume, die auf wenige Materialien und Farben reduziert ist: weiße Wände, heller Naturstein und Eichenholz, das sowohl für die Einbaumöbel als auch den Bodenbelag im Obergeschoss verwendet wurde.

Die Architekten übernahmen bei diesem Projekt auch die Gestaltung des Gartens, der in engem Bezug zu den Innenräumen steht: Drei Terrassen – eine zum Grillen, eine zum Sonnen und eine zum Frühstücken – umgeben das Haus und bilden unterschiedlich nutzbare Außenplätze. Sie sind durch bepflanzte Zwischenflächen und Kieswege miteinander verbunden und fügen sich harmonisch in das Gesamtkonzept ein.

❚ Das Garagentor nimmt mit seiner dunklen Holzbeplankung die Höhenschichten des Verblendsteins auf. Das Fensterband im Dachgeschoss, das Bäder und Treppe belichtet, betont die Längsrichtung des Gebäudes.

❚ Entlang der Straßenseite wird die Außenmauer ein Stück weitergeführt und schützt auf diese Weise die Westterrasse vor Einblicken.

❚ Die Außenhaut des lang gestreckten, kompakten Baukörpers ist ganz mit dunklen Klinkern verblendet. Eine Reihe Kastenlinden an der Südseite dient als natürlicher Sonnenschutz und unterstreicht das streng lineare Konzept.

■ Blick in den offenen Wohnbereich, der um zwei Stufen tiefer liegt als die übrigen Räume. Das Einbaumöbel aus Eichenholz sorgt für eine optische Trennung zum angrenzenden Flur.

Büroprofil

Eisenberg Architekten
Hochstraße 36
D-45894 Gelsenkirchen
www.eisenberg-architekten.de

Studienort:
Uta Eisenberg/Frithjof Eisenberg: Fachhochschule Münster/Fachhochschule Münster, Universität Helsinki (Finnland), Kunstakademie Düsseldorf

Gemeinsames Büro: seit 2003

Anzahl der Mitarbeiter: 2

Arbeitsschwerpunkte: Private Wohn- und Geschäftsbauten, Planung von Freianlagen und Möbeln, Umbau und Sanierung, Wettbewerbe.

Arbeits- und Entwurfsphilosophie:
Unsere Architektursprache ist geprägt von Grundsätzen wie Funktionsbezug, Alterungsfähigkeit, handwerklicher Qualität bezüglich des Materials als auch der Ausführung. Wir wollen Häuser bauen, die im Dialog mit unseren Bauherren stehen.
Wir haben Kosten und Baukunst immer im Blickfeld. Wir suchen Lösungen, die zeitgemäß sind und Nachhaltigkeit bieten.

Gebäudedaten

Grundstücksgröße: 1.274 m²
Wohnfläche: 322 m²
Zusätzliche Nutzfläche: 126 m²
Anzahl der Bewohner: 4
Bauweise: Massivbau
Baukosten je m² Wohn- und Nutzfläche: 1.338 Euro
Baukosten gesamt: 600.000 Euro
Fertigstellung: 2003

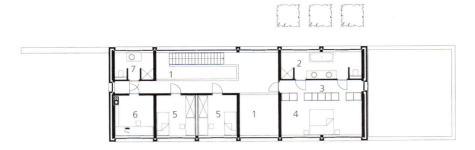

Obergeschoss
M ca. 1:300

1 Luftraum
2 Elternbad
3 Ankleide
4 Eltern
5 Kind
6 Büro
7 Kinderbad

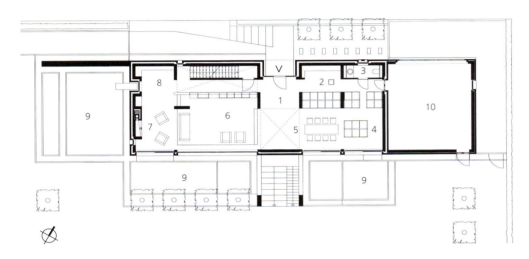

Erdgeschoss
M ca. 1:300

1 Eingang, Empfang
2 Garderobe
3 Gäste-WC
4 Kochen
5 Essen
6 Wohnen
7 Kamin
8 Bibliothek
9 Terrasse
10 Garage

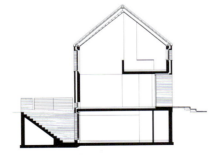

Schnitt
M ca. 1:300

■ Im Gegensatz zur dunklen Außenhaut sind die Innenräume in hellen Tönen gehalten. Weiß getünchte Wände und der durchgehende Bodenbelag aus Quarzit sorgen für eine freundliche Atmosphäre.

■ Der Erschließungsflur im Obergeschoss ist über Lufträume mit dem Erdgeschoss verbunden und wird über das durchlaufende Fensterband mit ausreichend Licht versorgt.

ANERKENNUNG | MÜLLER ARCHITEKTEN, HEILBRONN

Ansichtssache

EINFAMILIENHAUS IN HEILBRONN

Lageplan

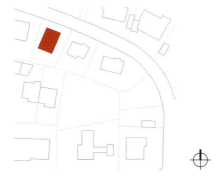

In den Nachkriegsjahren entwickelte sich der Lerchenberg im Heilbronner Osten zu einem beliebten Baugebiet. Die Wohnhäuser, die hier im so genannten „Landhausstil" errichtet wurden, entsprachen mit ihrer konventionellen Bauweise ganz dem Geschmack der damaligen Zeit. Auf einem kleinen Restgrundstück am Hang baute Architekt Matthias Müller ein neues Domizil für eine Familie.

Das Gebäude schiebt sich giebelseitig von der Straße her in das ansteigende Gelände. Obwohl das Haus auf den ersten Blick in Proportion und Dachneigung die Typologie der umgebenden Bebauung aus der Nachkriegszeit aufzunehmen scheint, wirkt es doch irritierend anders: Der bündig gestaltete Übergang an Traufe und Ortgang lässt Dach und Fassade optisch zu einer Einheit werden und verleiht dem Bau eine scharfkantige und prägnante Form.

Ein weiterer Hingucker ist der außen liegende Sichtschutz auf der Nordseite: Er besteht aus perforierten Cortenstahlplatten, die sich manuell verschieben lassen und der Giebelfassade ein unverwechselbares Aussehen geben. Je nach Tageszeit, Lichteinfall und Positionierung der einzelnen Elemente verändert sich die Ansicht immer wieder aufs Neue. Spannungsvollen Kontrast zu dem rostfarbenen Stahl bildet der anthrazitfarbene Außenputz, der das Gebäude überzieht.

Man betritt das Haus im Untergeschoss von Norden her über einen kleinen Vorplatz. In dieser Ebene befinden sich neben den Technikräumen auch ein Gäste- sowie ein Arbeitszimmer, das sich zum Innenhof hin orientiert. In der darüber liegenden Etage sind der offene Koch- und Essbereich und die Kinderzimmer untergebracht. Das oberste Geschoss wird vom Wohnraum und dem Schlafzimmer der Eltern eingenommen.

Eine Stahltreppe verbindet die offenen Ebenen miteinander. Durch die raumhohen Fenster an den beiden Giebelseiten sowie ein Glasband in der Dachfläche fällt von allen Seiten Licht ins Innere, sodass großzügige, helle Räume entstehen. Dieser Eindruck wird unterstützt durch die reduzierte Wahl der Farben und Materialien: weiße Wände, raumhohe Trennelemente aus satiniertem Glas und heller Muschelkalkboden.

Im Erdgeschoss lässt sich der offene Koch- und Essbereich über Glasschiebeelemente vollständig zum Garten auf der Südseite hin öffnen. Bambuspflanzen und feingliedriges Buschwerk umranken das Haus, sodass auf engstem Raum eine äußerst harmonische Verbindung von Innen und Außen, von Architektur und Natur entstanden ist.

▌Die knappen Übergänge an Traufe und Ortgang geben dem schlichten Baukörper ein markantes, scharfkantiges Aussehen. Die schweren Schiebeelemente aus Cortenstahl unterstreichen diesen Eindruck.

▌Je nach Positionierung der Schiebeläden erhält die Fassade eine andere, unverwechselbare Ansicht.

Büroprofil

müller architekten
Wilhelmstraße 5a
D-74072 Heilbronn
www.architekten-online.com
Projektmitarbeit: Alexandra Jakobi

Studienort:
Matthias Müller,
Freier Architekt BDA:
FHT Stuttgart

Eigenes Büro:
seit 1989

Anzahl der Mitarbeiter:
8

Arbeitsschwerpunkte:
Industriebau, Wohnungsbau, Öffentliche Bauten

Arbeits- und Entwurfsphilosophie:
Wir sind kein reines Entwurfsbüro, sondern bieten sämtliche Leistungen vom Entwurf über die Ausführungsplanung bis hin zur Bauleitplanung an. So können wir sicher sein, dass die Details, die wir entworfen und geplant haben, auch qualitativ hochwertig ausgeführt werden. Der Bauherr ist zufrieden, wenn er von Anfang bis Ende einen generellen Ansprechpartner hat, der das Bauvorhaben für ihn komplett und vor allem bis zur Abrechnung abwickelt.

Gebäudedaten

Grundstücksgröße: 355 m²
Wohnfläche: ca. 142 m²
Zusätzliche Nutzfläche: ca. 72 m²
Anzahl der Bewohner: 4
Bauweise: Massivbau (Mauerwerk mit Stahlbetondecken)
Baukosten je m² Wohn- und Nutzfläche: ca. 2.336 Euro
Baukosten gesamt: über 500.000 Euro
Fertigstellung: 2003

▌ Blick vom Essplatz auf die Wohngalerie unterm Dach. Wenige Farben und Materialien prägen die Innenräume, die maßgefertigte Innenausstattung trägt zum harmonischen Gesamteindruck bei.

▌ Links oben: Der kompakte Baukörper schiebt sich, von der Straße durch einen kleinen Vorplatz getrennt, mit seiner Längsseite in das Hanggrundstück hinein.

▌ Links unten: Blick auf die Südseite mit dem kleinen sichtgeschützten Innenhof vor der Küche. Der Bodenbelag aus Muschelkalkplatten setzt sich im Freien fort, sodass eine optische Einheit zwischen Innen und Außen entsteht.

▌ Hell und freundlich wirkt der offene Koch- und Essbereich im Erdgeschoss, der durch ein Glasband im Dach zusätzliches Licht erhält. Hinter der satinierten Wand verbirgt sich das Bad der Eltern im Obergeschoss.

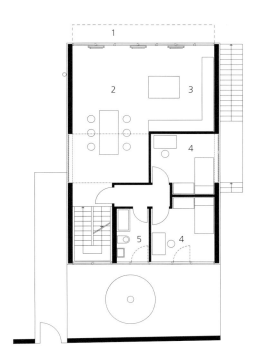

Erdgeschoss
M 1:200

1 Terrasse
2 Essen, Wohnen
3 Kochen
4 Kind
5 Bad

Untergeschoss
M 1:200

1 Hofgarten
2 Eingang, Flur
3 Abstellraum
4 Technik
5 Weinkeller
6 Gäste
7 Arbeiten
8 Bad
9 Autostellplatz

Obergeschoss
M 1:200

1 Balkon
2 Bad
3 Eltern
4 Luftraum
5 Wohnen

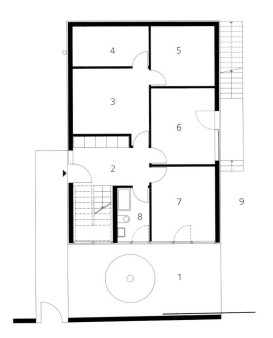

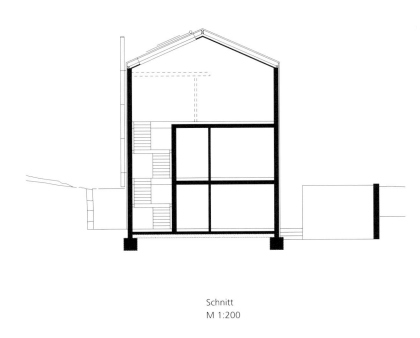

Schnitt
M 1:200

ANERKENNUNG | MEIXNER SCHLÜTER WENDT ARCHITEKTEN, FRANKFURT, MIT W. ZISER, KARLSRUHE

Familiensitz

EINFAMILIENHAUS IN KARLSRUHE

Lageplan

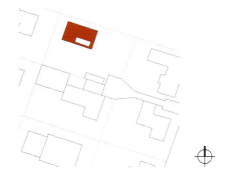

In den 1960er Jahren entstand in Karlsruhe die so genannte „Waldstadt", eine Wohnsiedlung, die vollständig in einen Kiefernwald integriert ist. Großzügige, stark durchgrünte Grundstücke mit heterogener Einfamilienhausbebauung charakterisieren das Viertel. Direkt am Waldrand, auf einer Restparzelle, bauten Meixner Schlüter Wendt Architekten ein Wohnhaus für eine Familie mit vier Kindern.

Die Architekten, deren Entwurfsmethodik auf bildnerischen Prinzipien beruht – und den sich daraus ergebenden Interpretationen von Masse und Raum, Raum und Zwischenraum –, gingen auch bei diesem Projekt in gleicher Weise vor. Ihr Entwurfskonzept stellt eine „akzentuierte Beziehung" zwischen dem architektonischen Raum – also dem Baukörper einerseits –, und dem offenen, natürlichen Raum – also dem umgebenden Wald und den Grünflächen andererseits – her: Von der blockhaften, monolithischen Masse des Neubaus werden einzelne Elemente gewissermaßen subtrahiert und aus dem Baukörper herausgelöst. Auf diese Weise entstehen offene Zwischenraumbereiche, wie etwa Loggien, Terrasse oder Eingangszone, die sich bis ins Haus hinein fortsetzen und fließende Übergänge zwischen Innen und Außen herstellen.

Dieses Wechselspiel von Masse und Raum, insbesondere aber auch von Raum als „weggenommener" Masse, wird durch die unterschiedliche Farbgestaltung der Fassaden deutlich gemacht: Während die Außenhaut des ursprünglichen, kubischen Baukörpers einen dunkelgrauen Anstrich erhielt, erscheinen die Fassaden dort, wo Masse herausgelöst wurde, in hellem Weiß – als würde das Gebäude sein Innerstes buchstäblich nach außen kehren.

Das Grundrisskonzept des Hauses ist ganz auf die Bedürfnisse der sechsköpfigen Familie zugeschnitten. In jedem Geschoss befindet sich auf der einen Gebäudehälfte der Kindertrakt, während die andere Hälfte im Erdgeschoss von Küche und Wohnraum, im Obergeschoss vom Schlaf- und Ankleidebereich der Eltern eingenommen wird. Kommunikativen Mittelpunkt bildet der offene Essplatz, der über einen Luftraum mit dem Obergeschoss verbunden ist und sich mit einer breiten Glastür nach draußen, auf die vorgelagerte Terrasse erweitern lässt.

Die Überdachung des großzügigen Loggienbereichs steuert den Lichteinfall im Tages- und Jahresverlauf: Bei niedrigem Sonnenstand in Herbst und Winter fällt ausreichend Licht ins Innere, während im Sommer hingegen die Sonnenstrahlen von den Innenräumen ferngehalten werden.

▌Zum Garten hin öffnet sich die Fassade mit breiten Glasfronten zur vorgelagerten Terrasse und verzahnt sich mit dem angrenzenden Grün.

▌Wie eine abstrakte Raumskulptur wirkt dieses ungewöhnliche Einfamilienhaus. Dort, wo die monolithische Gebäudemasse gewissermaßen ausgehöhlt wurde, tritt an den Innenseiten helle Farbe zutage.

▌Blick auf die Westseite. Die dunkelgraue Putzfassade verleiht dem kompakten, scharfkantigen Baukörper ein fast unwirkliches Erscheinungsbild.

▌Die Grafik veranschaulicht das Entwurfskonzept der Subtraktion von Masse und Raum.

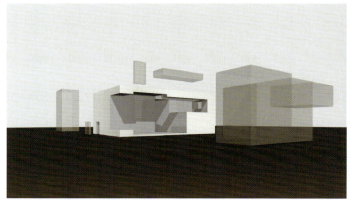

▎Die Südterrasse liegt geschützt unter dem weit auskragenden Dach und wird in den Sommermonaten zum Familientreffpunkt. Das Podest schirmt den Sitzplatz an der Westseite ab und bietet zusätzlichen Stauraum.

▎Der Essplatz im Zentrum des Hauses bildet den kommunikativen Mittelpunkt. Über einen Luftraum ist er mit der oberen Etage verbunden.

Büroprofil

Meixner Schlüter Wendt Architekten mit Dipl.-Ing. W. Ziser, Karlsruhe
Fischerfeldstraße 13
D-60311 Frankfurt
www.meixner-schlueter-wendt.de
Projektmitarbeit: Hannes Freising, Antje Feenders, Ute Günzel

Studienort:
Claudia Meixner/Florian Schlüter/Martin Wendt
TH Darmstadt, Uni Florenz/TH Darmstadt, Uni Florenz/FH Frankfurt

Gemeinsames Büro:
seit 1997

Anzahl der Mitarbeiter:
8 – 10

Arbeitsschwerpunkte:
Kirchenbau, Wohnbauten, Gewerbebauten, Bürobauten, Öffentliche Bauten (Kultur, Gastronomie)

Arbeits- und Entwurfsphilosophie:
Ausgehend von den Besonderheiten des Ortes und der Aufgabe entstehen die Planungen aus der Beobachtung und Analyse alltäglicher Dinge und Anordnung von Dingen. Dies können stadträumliche Situationen, möblierte Innenräume, Gegenstände, gefüllte Kisten und anderes sein. Diese selbstverständlich entstandenen räumlichen Situationen haben eine eigene, natürliche Klarheit und Authentizität. Aus diesen Assoziationen werden verschiedene Blicke und Interpretationen von Masse und Raum, Raum und Zwischenraum entwickelt und transformiert.

Lehrtätigkeit:
Claudia Meixner war wissenschaftliche Mitarbeiterin für Baukonstruktion am Lehrstuhl von Prof. Pfeifer, TU Darmstadt. Florian Schlüter war wissenschaftlicher Mitarbeiter für Plastisches Gestalten am Lehrstuhl von Prof. Bodini, TU Darmstadt, und hatte außerdem eine Vertretungsprofessur am Lehrstuhl für Raumgestaltung der Universität Siegen.

Gebäudedaten

Grundstücksgröße: 900 m²
Wohnfläche: 229 m²
Zusätzliche Nutzfläche: 40 m²
Anzahl der Bewohner: 6
Bauweise: Massivbau (Beton, Mauerwerk)
Baukosten je m² Wohn- und Nutzfläche: 1.280 Euro
Baukosten gesamt: 345.000 Euro
Fertigstellung: 2002

▪ Blick in den Wohnraum mit offener Küche im Hintergrund. Die Innenräume sind durchgehend weiß gehalten, für warme Farbkontraste sorgt der Parkettboden aus dunkler Räuchereiche.

▪ Die Arbeitsgalerie im Obergeschoss verbindet Eltern- und Kinderbereich miteinander. Durch eine Deckenöffnung fällt zusätzliches Licht herein.

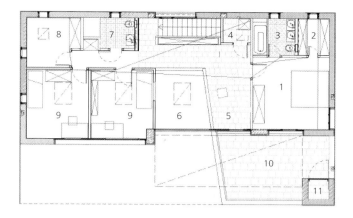

Obergeschoss
M 1:200

1 Eltern
2 Ankleide
3 Bad
4 Heizung, Abstellraum
5 Arbeitsgalerie
6 Luftraum
7 Dusche, WC
8 Abstellraum
9 Kind
10 Balkon
11 Kammer, Abstellraum

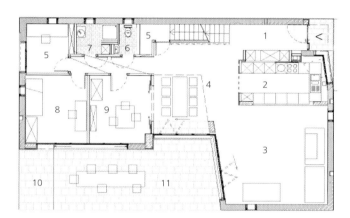

Erdgeschoss
M 1:200

1 Eingang
2 Küche
3 Wohnen
4 Essen
5 Abstellraum
6 WC
7 Dusche
8 Kind
9 Kinderspielzimmer
10 Podest mit Stauraum
11 Terrasse, Loggia

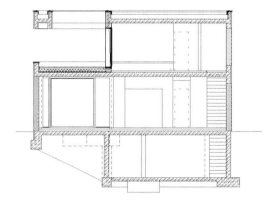

Schnitt
M 1:200

ANERKENNUNG | PAK ARCHITEKTEN, KARLSRUHE

Lichtgestalt im Hof

EINFAMILIENHAUS IN KARLSRUHE

Lageplan

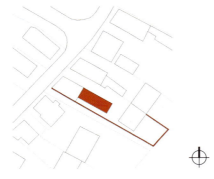

Ein giebelständiges Fachwerkhaus an der Dorfstraße, daneben eine schmale Hofeinfahrt: Das Wohnhaus, das die Architekten Myriam Gautschi und Günther Zöller in Bulach, einem alten Ortsteil von Karlsruhe, für sich und ihre beiden Kinder bauten, ist auf den ersten Blick schwer auszumachen. Erst wenn man den Hof betritt – an dessen Ende sich in einer umgebauten Scheune auch ihr Büro befindet – entdeckt man das neue Domizil, das sich hinter dem alten Gebäude zu verstecken scheint.

Der Neubau dockt an das bestehende, straßenseitige Fachwerkhaus an und erstreckt sich als schmales Volumen in dessen Verlängerung. Das konstruktive Skelett des kompakten Baukörpers besteht aus Betondecken, deren Last von schlanken Stahlstützen abgetragen wird. Die einzelnen Geschossebenen werden auf diese Weise auch von außen ablesbar: Die leicht auskragenden horizontalen Betonrippen gliedern die Ansicht und bieten als schmaler Austritt gerade ausreichend Platz für einen Sonnenstuhl.

In seinem Innern konzipierten die Architekten das Haus als eine große Halle, deren transparente und transluzente Glasfassade die unterschiedlichen Lichtstimmungen der Tages- und Jahreszeiten einfängt. Bei Dunkelheit hingegen wird das Haus selbst zu einem Lichtkörper und schimmert – je nach Beleuchtung der Innenräume – in verschiedenen Farbtönen.

Durch den offenen Grundriss entstand ein Raumkontinuum, das sich bis unters Dach erstreckt und verschiedene Blick- und Außenraumbeziehungen ermöglicht. Von der Eingangsebene gelangt man über eine Treppe in den großen Wohn-, Koch- und Essraum im Obergeschoss. Der private Rückzugsbereich der Familienmitglieder liegt eine Ebene höher auf der Galerie. Mit Schiebeelementen können hier einzelne Zonen abgeteilt werden, sodass sich bei Bedarf auch die nötige Privatsphäre herstellen lässt.

Wenige Materialien und Farben bestimmen die puristisch wirkenden Innenräume, die ganz von den wechselnden Lichtstimmungen leben, die durch die großen Glaswände nach innen dringen: rohe Sichtbetondecken und Schieferbelag in der Wohnebene, Parkettboden auf der Schlafgalerie. Die Innenausbauten sind aus schwarz lackierten MDF-Platten gefertigt, die Regalfächer der über zwei Ebenen reichenden Bibliothek aus gekantetem Stahlblech. In seiner konsequenten Umsetzung stellt das Konzept eine Synthese zwischen formalen Vorstellungen und individuellen Wohnwünschen der Architekten dar – ein sehr persönliches Experiment, das offensichtlich geglückt ist.

▎ Bei Nacht erscheint der Bau als Lichtkörper. Hinter der Glasfassade zeichnen sich die unterschiedlich farbigen Wände der Innenräume ab.

▎ Raumhohe Glasfronten und waagrechte Betonrippen gliedern den lang gestreckten Baukörper. Die Außenvorhänge dienen als Schattenspender und Sichtschutz zugleich und umgeben die Fassade wie eine zweite Haut.

- Links: Der Neubau grenzt unmittelbar an das alte Fachwerkhaus im Vordergrund an und erstreckt sich tief in den dahinter liegenden Innenhof hinein.

- Rechts: Blick in die offene Wohnhalle in der ersten Etage. Sichtbetondecken und dunkler Bodenbelag aus brasilianischem Schiefer bestimmen das puristische Interieur.

- Links: Auf der Schlafgalerie herrschen warme Rot- und Brauntöne vor. Durch Schiebewände lassen sich einzelne Raumzonen abteilen. Im Hintergrund die Bibliothek mit Regalfächern aus Stahl.

- Rechts: Auch im Kinderzimmer sind alle Möbel maßgefertigt. Besonderer Clou ist das mobile Bett, das je nach Bedarf im Raum verschoben werden kann.

Büroprofil

PAK Architekten
Litzenhardtstraße 83
D-76135 Karlsruhe
pak.architekten@gmx.de

Studienort:
Prof. Myriam Claire Gautschi, Dipl.-Arch. ETH/SIA/DWB/
Günther H. Zöller, Dipl.-Ing. Architekt DWB/BDA:
ETH Zürich/TU Karlsruhe

Gemeinsames Büro:
seit 1990

Anzahl der Mitarbeiter:
1 – 3

Arbeitsschwerpunkte:
Wohnungsbau, Sanierungen

Arbeits- und Entwurfsphilosophie:

Entwerfen verstehen wir als „abenteuerliches" Nachdenken auf dem Papier: Alles ist offen. Planen und Konstruieren ist das sorgfältige und konsequente Umsetzen der Idee, aufbauend auf fundiertem Wissen und Erfahrung: Eine Vision wird umgesetzt in Material und Konstruktion unter Beachtung der Kosten. Verschiedene Arbeitsbereiche – Architektur, Objekt- und Innenraumgestaltung, Grafik – erlauben Vielschichtigkeit. Unser Beruf bedeutet für uns Gestaltung und geistige Bewältigung des gesamten Lebensraumes.

Lehrtätigkeit:

Myriam Claire Gautschi war 1987 bis 1989 Assistentin an der ETH Zürich und 1996 bis 1998 Lehrbeauftragte an der FH Bern, Burgdorf. 2001 hatte sie eine Professorenvertretung an der FH Mainz, seit 2002 ist sie Professorin für Entwerfen und Innenraumgestaltung an der FH Konstanz.
Günther H. Zöller war 1982 bis 1984 Assistent an der ETH Zürich und 1986 bis 1988 Lehrbeauftragter an der FH Karlsruhe.

Gebäudedaten

Grundstücksgröße: ca. 850 m²
Wohnfläche: 210 m²,
Terrasse 30 m²
Zusätzliche Nutzfläche: 90 m²
Anzahl der Bewohner: 4
Bauweise: Mischbau
(Beton/Stahlkonstruktion)
Baukosten je m² Wohn- und Nutzfläche: 1.121 Euro
Baukosten gesamt: 336.400 Euro
Fertigstellung: 2004

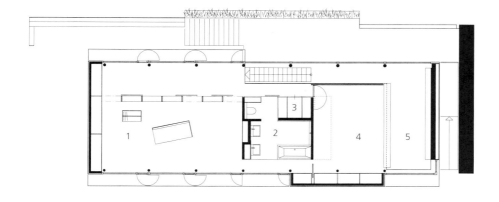

2. Obergeschoss
M 1:200

1 Kinderbereich mit mobilen Möbeln
2 Bad
3 Schrankraum
4 Schlafgalerie Eltern
5 Luftraum, Bibliothek

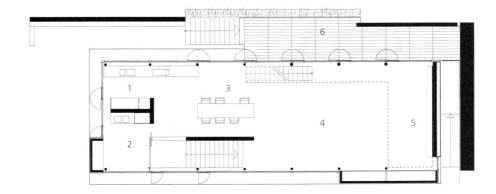

1. Obergeschoss
M 1:200

1 Kochen
2 Hauswirtschaftsraum
3 Essen
4 Wohnen
5 Bibliothek
6 Terrasse

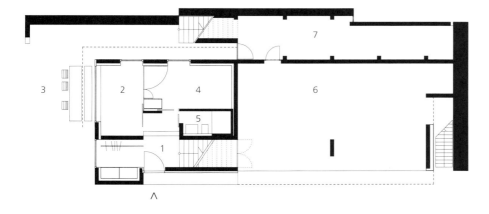

Erdgeschoss
M 1:200

1 Eingang, Garderobe
2 Wintergarten
3 Außensitzplatz
4 „Denkerzimmer", Gäste
5 Dusche, WC
6 Offene Garage
7 Keller

Schnitt
ohne Maßstab

ANERKENNUNG | FABI ARCHITEKTEN, REGENSBURG

An der schönen blauen Donau

EINFAMILIENHAUS IN REGENSBURG

Lageplan

Bereits im 18. Jahrhundert waren die Grundstücke hier sehr begehrt: Auf dem Oberen Wöhrd, einer Donauinsel mit Blick auf die Regensburger Altstadt, errichteten die wohlhabenden Bürger ihre kleinen Gartenpalais. Diese „Salettl", wie man die Sommerhäuser damals nannte, orientierten sich mit ihren Gärten zum Fluss hin. Im Laufe der Jahre entwickelte sich die Insel, die ursprünglich der Wohnsitz von Schiffsmeistern und Fischern gewesen war, mit ihrer schönen Bebauung aus der Barockzeit zu einem immer beliebteren Quartier. Obwohl der Obere Wöhrd nach wie vor ständig durch Hochwasser gefährdet ist, hat sich daran bis heute nichts geändert. Auf einem Restgrundstück, das bislang als Grünfläche verpachtet war, baute Stephan Fabi das neue Domizil für eine junge Familie.

Mit seinem äußeren Erscheinungsbild stellt der kompakte Baukörper, der als moderne Stadtvilla konzipiert wurde, einen Bezug zu den Gebäuden in seiner Umgebung her. Er greift die historische Formensprache mit Sockelgeschoss, Horizontalgliederung und umlaufender Dachbalustrade auf, interpretiert sie jedoch mit zeitgemäßen Mitteln neu: Über einem massiven Untergeschoss aus schwarz lasiertem Sichtbeton erhebt sich das Wohnhaus als weiß verputzter, leicht auskragender zweigeschossiger Kubus. Die Ansichten werden durch die mahagonifarbenen Fenster, die mal bündig, dann wieder zurückgesetzt in der Fassade liegen, sowie die geschlossenen Balkone, die sich wie Schubladen aus der glatten Front herausschieben, gegliedert. Eine umlaufende Kupferblechabdeckung bildet – gewissermaßen als Attika – den oberen Abschluss des Gebäudes.

Über einen schmalen Steg, der das Wohnhaus hochwassersicher erschließt, gelangt man von der Straße zum Eingang. Im Erdgeschoss befindet sich der Gemeinschaftsbereich mit einem großen zusammenhängenden Wohn-, Koch- und Essraum, der über die gesamte Gebäudetiefe reicht. Das Obergeschoss ist der private Rückzugsbereich der Familienmitglieder, Schlafräume und Bäder reihen sich hier beidseitig des zentralen Erschließungsflurs aneinander.

Die leicht asymmetrische Anordnung der Fenster ist nicht nur eine Folge der inneren Raumkonzeption, sondern orientiert sich auch an den besonderen Ausblicken in die Umgebung. Auf diese Weise ist es gelungen, sowohl die formale Strenge der villenartigen Lochfassade zu durchbrechen als auch den Regensburger Dom und die nahe gelegenen Flussauen immer wieder gezielt ins Blickfeld der Bewohner zu rücken.

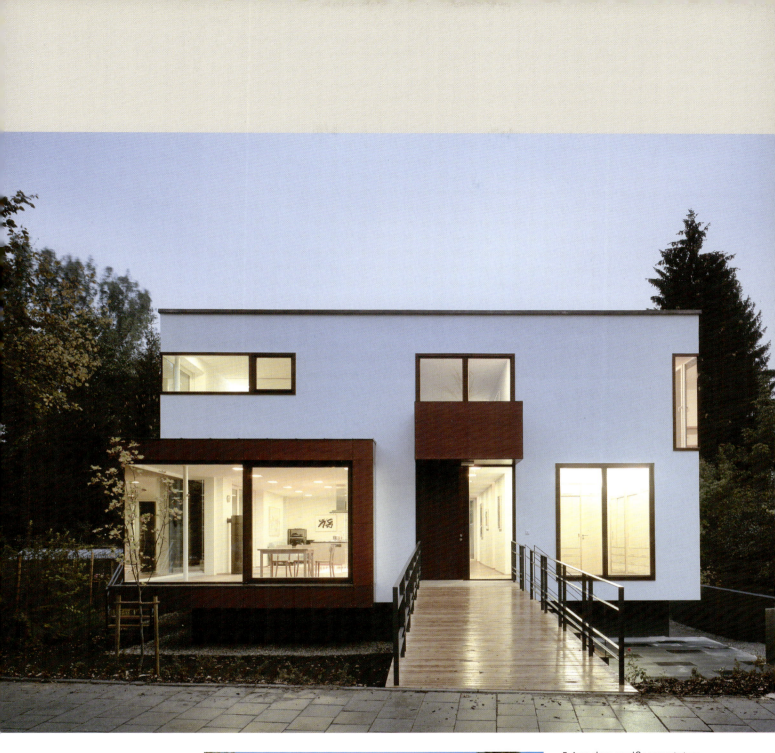

▌ Offen und einladend präsentiert sich das Haus an seiner Straßenseite. Über einen schmalen Steg gelangt man auch bei Hochwasser trockenen Fußes ins Innere.

▌ Aus dem weiß verputzten Baukörper sind unterschiedlich große Öffnungen herausgeschnitten, deren unregelmäßige Anordnung die Strenge der Lochfassade durchbricht.

▌ Blick in den offenen Wohn- und Essbereich im Erdgeschoss, der durch den Küchenblock in der Mitte optisch unterteilt wird.

▌ Oben: Die Hierarchie der Räume ist auch von außen ablesbar. Die Öffnungen der Nebenräume liegen zurückgesetzt tief in der Laibung, die Aussichtsfenster der Wohnbereiche hingegen sind bündig in die Fläche eingelassen.

▌ Unten: An Schubladen erinnern die kleinen Balkone, die ringsum mit holzfurnierten Schichtstoffplatten verkleidet wurden.

Büroprofil

fabi architekten bda
Glockengasse 10
D-93047 Regensburg
www.fabi-krakau.de
Projektmitarbeit:
Albert Schneitl,
Helga Baumgartner

Studienort:
Stephan Fabi, Architekt BDA:
Fachhochschule Regensburg

Eigenes Büro:
seit 1996

Anzahl der Mitarbeiter:
3

Arbeitsschwerpunkte:
Wohnungsbau, Museen, Verwaltungsgebäude, Schulbauten

Arbeits- und Entwurfsphilosophie:
Jeder Entwurf entsteht aufgrund logischer Gesetzmäßigkeiten, die sich aus dem städtebaulichen Umfeld, der Funktion und dem jeweiligen künstlerischen Thema ergeben.

Lehrtätigkeit:
Stephan Fabi ist seit 1993 Privatdozent an der Privaten Technischen Lehranstalt (PTL) Eckert in Regenstauf.

Gebäudedaten

Grundstücksgröße: 750 m²
Wohnfläche: 260 m²
Zusätzliche Nutzfläche: 125 m²
Anzahl der Bewohner: 3
Bauweise: Massivbau
Baukosten je m² Wohn- und Nutzfläche: 1.380 Euro
Baukosten gesamt: 359.000 Euro
Fertigstellung: 2003

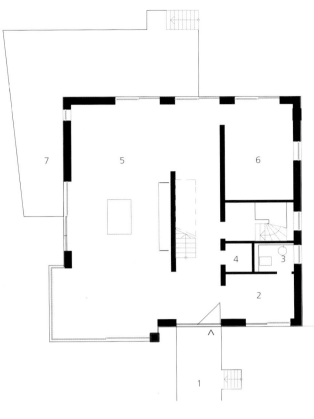

Erdgeschoss
M 1:200

1 Steg
2 Flur, Garderobe
3 WC
4 Abstellraum, Haustechnik
5 Wohnen, Kochen, Essen
6 Zimmer
7 Terrasse

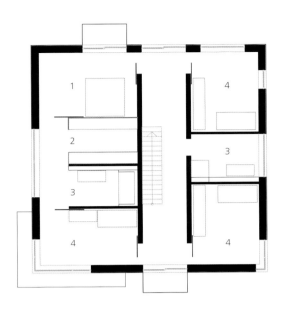

Obergeschoss
M 1:200

1 Schlafen Eltern
2 Ankleide
3 Bad
4 Zimmer

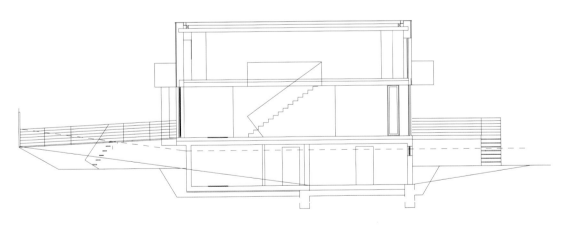

Schnitt
M 1:200

ANERKENNUNG | HARTWIG N. SCHNEIDER ARCHITEKTEN, STUTTGART

Villa im Park

EINFAMILIENHAUS IN KORNWESTHEIM

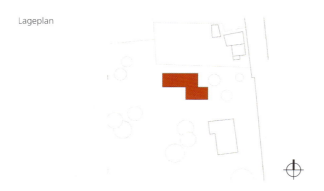

Lageplan

Auf einem innerstädtischen Parkgrundstück, umgeben von schönen alten Bäumen, entstand dieses großzügige Wohnhaus für eine vierköpfige Familie. Auf dem Areal befanden sich bereits zwei Villen – eine aus der Zeit um 1900 und eine aus den 1950er Jahren. Ziel des Entwurfes war es, das neue Gebäude behutsam in den Park sowie die vorhandene Bebauungsstruktur einzubinden und ihn ganz auf die Grünflächen zu orientieren.

Eine 4 Meter tiefer liegende, stark befahrene Straße erschließt das Grundstück an der Ostseite. Diese schwierige Situation lösten die Architekten durch eine unterirdische Zufahrt und eine bis unter das Gebäude reichende Tiefgarage. Parallel dazu führt ein Fußweg über das Gelände zum Eingang.

Mit einem winkelförmigen Grundriss, der sich aus zwei gegeneinander verschobenen Baukörpern zusammensetzt, reagiert das Haus auf seine Umgebung. Auf diese Weise konnten auch die wertvollen alten Bäume weitgehend erhalten bleiben. Zugleich entstand ein sichtgeschützter Freibereich, der die benachbarte Bebauung ausblendet.

Das Erdgeschoss nimmt die „öffentlichen" Funktionen auf: Bibliothek, Wohn- und Essbereich bilden eine offene Raumfolge und gruppieren sich um die großzügige Südterrasse in Richtung Park. Im Obergeschoss befinden sich die privaten Räume der Familienmitglieder. Die Schlaftrakte der Eltern sowie der Kinderbereich werden – dem Wunsch der Bauherren nach ungestörten Rückzugszonen folgend – separat erschlossen, was zu einer Lösung mit insgesamt drei Treppen führte. Die Elternschlafzimmer sind über ein gemeinsames, lang gestrecktes Bad miteinander verbunden. Es wird auf seiner Südseite durch ein kleines Atrium, das sich hinter der Gebäudehülle verbirgt und von außen nicht wahrnehmbar ist, erweitert. Dieser Innenhof bildet einen uneinsehbaren Freibereich und sorgt für zusätzliche Belichtung und Belüftung der Schlafräume.

Die Fassade des Gebäudes wurde mit Lärchenholz verkleidet. Die verglasten Bereiche – Schlafräume, Bibliothek und Küche – können mit Schiebe-Falt-Läden vollständig geschlossen werden. Während Keller und Tiefgarage in Stahlbeton ausgeführt sind, wählten die Architekten für das Wohngeschoss aus bauphysikalischen und ökologischen Gründen eine Holzkonstruktion mit massiven, kreuzweise verleimten Flächenelementen aus Kiefernholzbrettern. Die scharfkantige Ausbildung der Details sowie das einfache, zurückhaltende Material verleihen dem Gebäude ein zeitloses Erscheinungsbild.

▌Links außen: Die vorgelagerte Terrasse auf der Südseite verzahnt das Gebäude mit der umgebenden Parklandschaft.

▌Links: Blick auf den Eingangsbereich an der Ostseite. Das Fassadenmaterial stellt eine Verbindung zwischen Natur und Architektur her, sodass sich das große Bauvolumen harmonisch in seine gewachsene Umgebung einfügt.

▌Die Lärchenholzschalung und die in die Fassade integrierten Schiebe-Falt-Läden geben dem kompakten, scharf umrissenen Baukörper ein grafisches Erscheinungsbild.

■ Im Erdgeschoss bilden Wohn-, Essbereich und Bibliothek eine lose Raumfolge, die sich um den Freisitz gruppiert. Schiebetüren sorgen für fließende Übergänge zwischen Innen und Außen.

Schnitt
ohne Maßstab

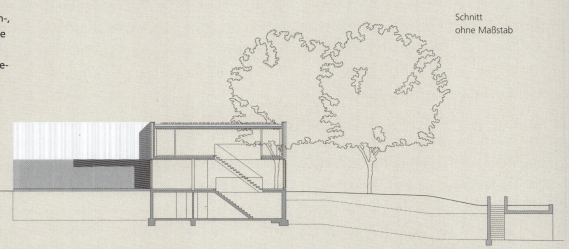

Büroprofil

hartwig n. schneider
freie architekten bda
Christophstraße 40–42
D-70180 Stuttgart
www.hartwigschneider.de
Projektmitarbeit:
Ingo Pelchen, Dennis Mueller
Studienort:
Prof. Dipl.-Ing. Hartwig N. Schneider/Dipl.-Ing. Gabriele Schneider:
Universität Stuttgart, IIT Chicago/Universität Stuttgart
Gemeinsames Büro:
seit 1990

Anzahl der Mitarbeiter:
8
Arbeitsschwerpunkte:
Öffentliche Bauten, Wohnungsbau, Industrie- und Gewerbebau, Sanierungen
Arbeits- und Entwurfsphilosophie:
Unsere Arbeitsweise ist geprägt von einer offenen Herangehensweise und der Suche nach individuellen Lösungen auf Grundlage der jeweiligen Interpretation von Ort, Programm und Gebrauch. Ziel ist es, schlüssige und nachhaltige Konzepte unabhängig von modischen Trends zu entwickeln und die funktionalen Anforderungen des Bauherrn in komplexe und differenzierte Räume umzusetzen. Die Eleganz des Schlichten und die Wertschätzung des Materials sind die Basis der Ästhetik der Architektur, die von Ruhe und Konzentration auf das Wesentliche bestimmt sein soll.
Lehrtätigkeit:
Hartwig N. Schneider ist seit 1999 Universitätsprofessor für Baukonstruktion und Entwerfen an der RWTH Aachen.

Gebäudedaten

Grundstücksgröße: 1.600 m^2
Wohnfläche: 340 m^2
Zusätzliche Nutzfläche: 117 m^2
Anzahl der Bewohner: 4
Bauweise: Holzbau (massive Holzkonstruktion aus kreuzweise verleimten Holzplatten)
Baukosten: keine Angaben
Fertigstellung: 2003

■ Durch eine deckenhohe Glasfront blickt man auch von der Küche direkt ins Grüne.

■ Ein zusätzlicher, uneinsehbarer Freibereich ist das kleine Atrium zwischen Bad und Schlafräumen im Obergeschoss.

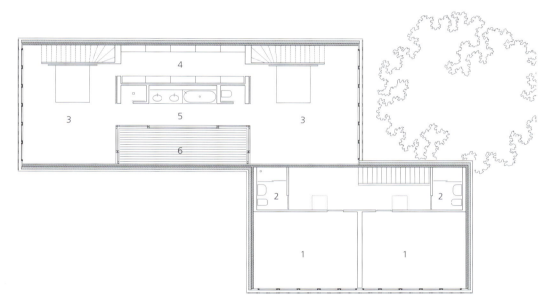

Obergeschoss
M 1:200

1 Kind
2 Dusche, WC
3 Schlafen
4 Ankleide
5 Bad
6 Atrium

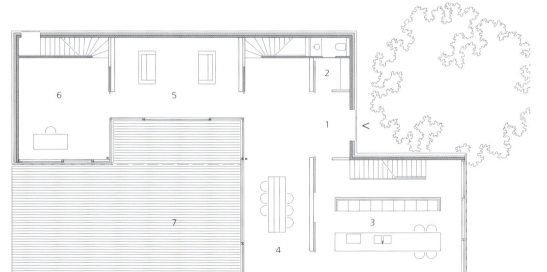

Erdgeschoss
M 1:200

1 Eingang
2 Garderobe, WC
3 Kochen
4 Essen
5 Wohnen
6 Bibliothek
7 Terrasse

ANERKENNUNG | KAAG + SCHWARZ, STUTTGART

Silberstreifen am Horizont

EINFAMILIENHAUS IN STUTTGART

Lageplan

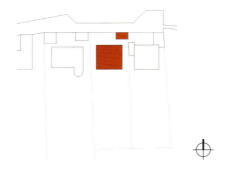

An Kaffeemühlen erinnern die Einfamilienhäuser, die sich hier den Hang entlang reihen: Das Wohngebiet am Stuttgarter Killesberg wurde in den 1930er Jahren erschlossen und weist die für die damalige Zeit typische Bebauung aus Einzelhäusern mit steil geneigten Dächern auf. Aus diesem städtebaulichen Kontext fällt das Wohngebäude, das Kaag + Schwarz Architekten für ein älteres Ehepaar bauten, deutlich heraus: Es thront als schwarzer, kompakter Kubus über dem nach Süden abfallenden Gelände.

Das unkonventionelle Erscheinungsbild des Hauses ist eine Synthese aus den Wünschen der Bauherren nach einem individuellen, modernen Gebäude – das auch nach außen hin als solches zu erkennen sein sollte – und den Vorgaben, sich in die Umgebung einzupassen. Der klar umrissene Baukörper entwickelt sich über drei Ebenen am Hang. Auf der Nordseite ist die Fassade nahezu geschlossen und schirmt sich gegen die Erschließungsstraße ab, auf der Südseite öffnet sie sich mit Glasfronten zur Aussicht.

Den Mittelpunkt des Hauses bildet die Wohnhalle in der Eingangsebene. Sie ist so dimensioniert, dass sie auch als Musikzimmer und Vortragsraum genutzt werden kann, beispielsweise für die Hauskonzerte der erwachsenen Tochter. Eine offene Treppe führt in die oberste Etage, in der die Schlaf- und Gästezimmer untergebracht sind. Von einer geschützten Loggia aus hat man einen herrlichen Blick auf die Stadt. Schöne Aussichten ins Grüne bieten sich aber auch von der Einliegerwohnung im Hanggeschoss, der eine Südterrasse vorgelagert ist.

Materialien und Konstruktion betonen die Gegensätze des steil abfallenden Hangs: Mauern aus gebrochenem Stein gliedern die Außenanlagen des bewegten, terrassierten Geländes. Sie stehen in deutlichem Kontrast zu dem präzisen, scharfkantigen Baukörper, dessen Außenhaut mit matt schwarz eloxierten Aluminiumplatten verkleidet ist. Dazwischen liegende, glänzende Bänder gliedern das Volumen in seiner Horizontalen und bilden die einzelnen Wohnebenen auch nach außen hin sichtbar ab.

Das dunkle Metall verstärkt den Eindruck von Privatheit und Geborgenheit, ebenso wie die Loggien, die in den Kubus eingeschnitten sind und den Blick auf die Stadt rahmen. Die Gestaltung der Innenräume bildet einen auffälligen Gegensatz zum kühl wirkenden, schwarzen Fassadenmaterial: Deckenhohe Panoramascheiben lassen viel Licht und Sonne hereindringen. Weiß getünchte Wände und dunkler Parkettboden aus Afzelia-Holz sorgen für eine angenehme Wohnatmosphäre.

▌ Die Fassade des kubischen Baukörpers ist mit großflächigen, schwarz eloxierten Aluminiumtafeln verkleidet, die seinen scharfkantigen Umriss betonen.

▌ Wie ein begehbares Faltwerk wirkt die elegante Treppe, die auf einem Stahlholm auflagert. Transparente und transluzente Glaswände und Brüstungen lassen den Innenraum großzügig erscheinen.

▌ Zur Straße im Norden gibt sich das Haus verschlossen: Nur wenige Öffnungen durchbrechen die glatte Front, in der sich die Geschossebenen als silbrig schimmernde Bänder abzeichnen.

▌ Rechts oben: Blick von der Galerie im Obergeschoss in den offenen Wohnbereich in der Eingangsebene. Über die Büchertreppe im Hintergrund gelangt man zur Dachterrasse.

▌ Rechts unten: Die Loggia im Obergeschoss ist wie ein zusätzliches Zimmer im Freien. Ein Glasdach schützt den exponierten Aussichtsplatz vor Wind und Regen.

▌ Zwischen Garage und Eingangsbereich liegt ein sichtgeschützter Innenhof mit einem kleinen Wasserbassin, dessen puristische Gestaltung fernöstlich anmutet.

▌ Kochen ohne Grenzen: Die offene Küche geht nahtlos in den Wohnraum über. Die Übereckverglasung nach Südwesten sorgt für Blickbeziehungen nach draußen – und optimale Belichtung im Inneren.

Büroprofil

Kaag + Schwarz Architekten BDA
Gutbrodstraße 2
D-70197 Stuttgart
info@kaag-schwarz.de
Projektmitarbeit: Marcus Lembach, Wolfram Sponer

Studienort:
Werner Kaag/Rudolf Schwarz: Universität Stuttgart

Gemeinsames Büro:
seit 1989

Anzahl der Mitarbeiter:
10

Arbeitsschwerpunkte:
Wohnungsbau vom Einfamilienhaus bis zur Quartiersbebauung, Büro- und Verwaltungsbauten, Bauten für das Gesundheitswesen (Pflege- und Behinderteneinrichtungen), Kindertagesstätten und Schulen, Brücken und Verkehrsbauten

Arbeits- und Entwurfsphilosophie:
Individuelle, integrierte Planung und Ausführung in allen Leistungsphasen.
Ziel ist es, Bauwerke zu schaffen als Einheit von Nutzung, Konstruktion und Form.

Lehrtätigkeit:
Werner Kaag war 1982 bis 1987 wissenschaftlicher Mitarbeiter am Lehrstuhl von Prof. Kurt Ackermann, Universität Stuttgart, und ist seit 2000 Professor für Baukonstruktion und Entwerfen an der TU Braunschweig.
Rudolf Schwarz war 1984 bis 1989 wissenschaftlicher Mitarbeiter am Lehrstuhl von Prof. Walter Belz, TH Darmstadt.

Gebäudedaten

Grundstücksgröße: 1.309 m²
Wohnfläche: 383 m²
Zusätzliche Nutzfläche: 33 m²
Anzahl der Bewohner: 6
Bauweise: Mischbau (Massivbau mit Stahlstützen)
Baukosten: keine Angaben
Fertigstellung: 2002

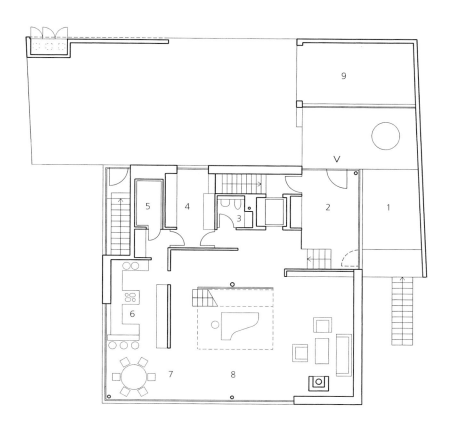

Erdgeschoss
M 1:200

1 Wasserbecken
2 Eingang, Garderobe
3 WC
4 Hauswirtschaftsraum
5 Kühlraum
6 Küche
7 Essen
8 Wohnen
9 Garage

Obergeschoss
M 1:200

1 Galerie
2 Luftraum
3 Gast
4 Sauna
5 Bad
6 Ankleide
7 Schlafen
8 Loggia

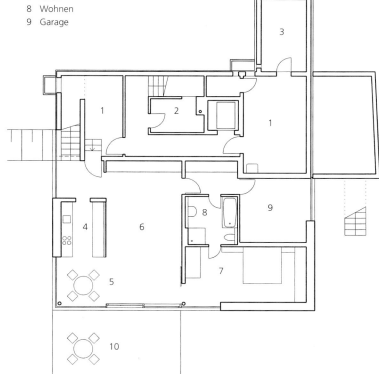

Untergeschoss
M 1:200

1 Keller
2 Technik
3 Weinlager
   Einliegerwohnung:
4 Kochen
5 Essen
6 Wohnen
7 Schlafen
8 Bad
9 Kind
10 Terrasse

ANERKENNUNG | BOTTEGA + EHRHARDT ARCHITEKTEN, STUTTGART

Aufbaukur mit Alubox

WOHNHAUS MIT BÜRO IN STUTTGART

Lageplan

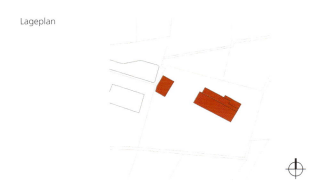

Über den Dächern von Stuttgart sind die Grundstücke rar und sehr begehrt: Von den exponierten Hanglagen aus lässt sich der gesamte Talkessel und die Innenstadt überblicken. In Halbhöhenlage befand sich auch das Wohnhaus aus den 1950er Jahren, das Bottega + Ehrhardt Architekten für eine fünfköpfige Familie umbauten.
Der alte, zweigeschossige Massivbau wurde dabei großzügig entkernt und der Grundriss völlig neu organisiert. Die deutlichste Veränderung fand jedoch an anderer Stelle statt: Das konventionelle, ziegelgedeckte Satteldach musste einer markanten, rechteckigen Stahl-Glas-Box weichen. Sie ist mit einer silbern schimmernden Aluminiumhaut verkleidet, die dem Haus seine neue Identität verleiht. Der Altbau erhielt eine anthrazitfarbene Putzfassade und bildet nun zusammen mit der Dachaufstockung eine harmonische Einheit.
Durch ein massives Aluminiumtor, das in einen Rahmen aus Sichtbeton eingelassen ist, betritt man das Grundstück und nähert sich der neuen Eingangssituation. Das Dachgeschoss schiebt sich mit seinem Volumen über die alten Gebäudekanten hinaus. Eine außen liegende, schwarze Stahltreppe hängt von der überkragenden Box herab, ohne den Boden zu berühren. Sie führt den Besucher ins Büro des Bauherrn, einen monochrom cremeweißen, lichtdurchfluteten Raum, dessen vollverglaste Front den Blick über Stuttgart und das Neckartal freigibt. Das Tragwerk aus Stahlhohlprofilen und das aussteifende Akustik-Stahltrapezblech sind offen sichtbar und gliedern den Raum in verschiedene Arbeitszonen.
In den beiden darunter liegenden Ebenen befinden sich die Wohn- und Schlafräume der Familie. Im Eingangsgeschoss gelangt man an Küche und Elternzimmer vorbei in einen großzügigen Wohn- und Essbereich. Die Fronten sind nach beiden Seiten hin verglast, um einerseits Ausblicke auf die Stadt im Norden und andererseits auf den Garten im Süden zu ermöglichen. Schwarzer Schieferboden und dunkles Industrieparkett aus geraucher Eiche sorgen für kräftige Farbkontraste in dem ansonsten ganz in Weiß und Elfenbeinfarben gehaltenen Interieur.
Über eine Treppe gelangt man ins Gartengeschoss, in dem sich neben den Kinderzimmern und Technikräumen eine kleine Einliegerwohnung befindet. Auf jeder Ebene stellen vorgelagerte Terrassen oder Balkone einen direkten Bezug zum Außenraum her. Dank der transparenten Glasbrüstungen kann man auch überall den Blick auf Stuttgart ganz uneingeschränkt genießen.

▌Wo früher ein Satteldach war, thront jetzt eine silbrig glänzende, leicht auskragende Aluminiumbox. In neuer Optik und mit dunkler Putzfassade präsentiert sich auch der darunter liegende Altbau.

▌Kaum wiederzuerkennen: Das Haus aus den 1950er-Jahren vor dem Umbau, mit Satteldach und heller Putzfassade.

▌Über große Holzdecks und Terrassen ist das Gebäude mit dem Garten verzahnt. Transparente Glasbrüstungen sorgen dafür, dass nirgendwo der Blick auf die Stadt verstellt wird.

■ Links außen: Blick in den Eltern-Schlafbereich. Bett, Ankleide und Waschtisch sind in einen kastanienfurnierten Holzkörper integriert, der den Raum in drei Bereiche gliedert.

■ Links: Die Treppe führt vom offenen Wohn- und Essbereich direkt ins Gartengeschoss, in dem sich die Schlafräume der Kinder befinden.

■ Oben: Auch vom Wohnraum aus überblickt man den Talkessel. Das dunkle geraucherte Eichenindustrieparkett kontrastiert mit den hellen Einbaumöbeln aus weiß lackierten MDF-Platten.

■ Rechts unten: Das Büro im Dachgeschoss ist monochrom cremeweiß und öffnet sich mit großen Fensterflächen zur Aussicht. Die Raumwirkung wird durch den glänzenden Epoxidharzboden zusätzlich betont.

Büroprofil

bottega + ehrhardt architekten
Rosenbergstraße 46
D-70176 Stuttgart
www.be-arch.com
Projektmitarbeit: Christoph Seebald
Bauleitung:
Jo Carle Architekten

Studienort:
Giorgio Bottega/Henning Ehrhardt:
Hochschule für Technik, Stuttgart; UPC ETS Arquitectura, Barcelona/ Universität Stuttgart, ETH Zürich

Gemeinsames Büro:
seit 1998

Anzahl der Mitarbeiter:
6

Arbeitsschwerpunkte:
Wohnungsbau, Umnutzung alter Industriearchitektur, Wettbewerbe, Interior-Architektur (Bar, Restaurant, Ladendesign u.a.), Messebau.

Arbeits- und Entwurfsphilosophie:
– Architektur schaffen, die auf einer klaren Grundidee basiert.
– Wir sehen den Raum an sich als zentrales architektonisches Element, mit klaren Linien und homogenen Flächen erzeugt.
– Räume schaffen, die Emotionen hervorrufen; die Ruhe, Erhabenheit, Schlichtheit, Klarheit, Raffinesse, Spannung und vieles mehr ausstrahlen.

Lehrtätigkeit:
Henning Ehrhardt ist seit 1995 Dozent für Entwerfen am Institut für Innenraumgestaltung und Entwerfen bei Prof. B. Podrecca, Universität Stuttgart.

Gebäudedaten

Grundstücksgröße: 2.250 m²
Wohnfläche:
Hauptwohnung 245 m²,
Einliegerwohnung 25 m²
Zusätzliche Nutzfläche: Büro 160 m², Technik/Keller 40 m²
Anzahl der Bewohner:
5 + 1 (Einliegerwohnung)
Bauweise: Massivbau mit Putzfassade (Altbau), Stahlbau mit Aluminiumfassade (Aufstockung)
Baukosten: keine Angaben
Fertigstellung: 1958 (Altbau), 2004 (Neubau)

Dachgeschoss
M 1:200

1 Arbeiten
2 Lounge
3 Archiv
4 Teeküche
5 WC
6 Garderobe
7 Dachterrasse

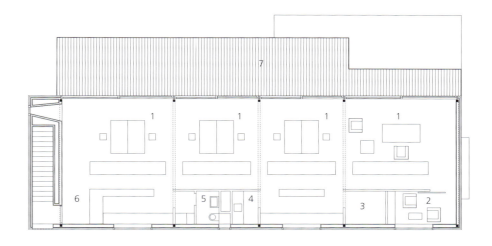

Erdgeschoss
M 1:200

1 Aufgang Büro
2 Eingang Wohnung, Windfang
3 Gäste-WC
4 Garderobe
5 Abstellraum
6 Kochen
7 Luftraum
8 Balkon
9 Wohnen
10 Essen
11 Eltern
12 Ankleide
13 Bad
14 Terrasse

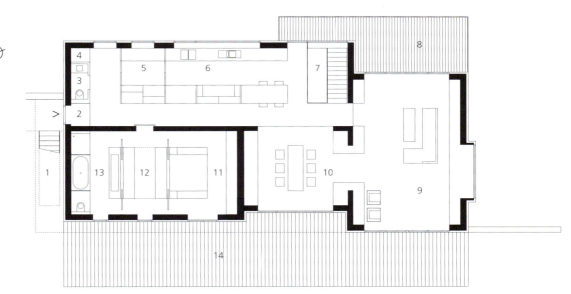

Gartengeschoss
M 1:200

1 Zugang Einliegerwohnung
2 Kochen
3 Bad
4 Wohnen, Schlafen
5 Abstellraum
6 Technik
7 Hauswirtschaftsraum
8 Bad
9 WC
10 Kind
11 Zugang Kinder
12 Spielflur
13 Terrasse Kinder

ANERKENNUNG | WULF & PARTNER, STUTTGART

Cockpit im Weinberg

EINFAMILIENHAUS IN STUTTGART

Lageplan

Von hier aus hat man die Stadt immer im Blick und ist dennoch im Grünen: Das Grundstück befindet sich in einer Lage, wie sie für Stuttgart kaum typischer sein könnte. Auf halber Höhe am Hang bietet es einen Panoramablick über die Landeshauptstadt, ein Grünzug sorgt für frische Luft und Nähe zur Natur. In früheren Jahrhunderten soll der Hang ein Sandsteinbruch gewesen sein und als Materialreservoir für die Stuttgarter Schlösser gedient haben. Später wurde er zu einem Weinberg ausgebaut, als Reste blieben hangparallele Stützmauern und eine mittig liegende Weinbergtreppe übrig, die zu inspirierenden Elementen für den Entwurf wurden.
Eine schmale, nicht ausgebaute Straße erschließt den steilen Südwesthang. Von hier bis zu den darunter liegenden Schrebergärten fällt das Grundstück 15 Meter ab – wahrscheinlich war dies auch einer der Gründe, weshalb es trotz mehrerer Versuche in den 1930er und 1980er Jahren nie bebaut wurde. Das Entwurfskonzept entstand aus dem Grundstück und dessen Topografie heraus. Dabei wurde die alte Weinbergtreppe als Motiv aufgegriffen: Alle Treppen liegen mittig in der Längsachse des Neubaus.
Das Wohnhaus entwickelt sich über insgesamt fünf Ebenen, von denen die oberen drei als Raumkontinuum für die Hauptwohnung genutzt werden. Auf der Eingangsseite erscheint es als schlichter Holzkubus, seine tatsächliche Ausdehnung und Größe kann man nur von der gegenüberliegenden Hangseite erkennen.
Über einen Stahlsteg betritt man einen dunklen Vorraum in der mittleren Ebene, der durch eine farbige Lichtwand beleuchtet wird. Von hier aus gelangt man auf die Galerie des Wohnraumes, der sich mit seiner 5,50 Meter hohen Panoramaverglasung zum Tal hin öffnet. Wie aus einem Cockpit blickt man auf die Vögel, die in Augenhöhe vorbeifliegen. Alle Räume gehen offen ineinander über, nur der Schlafbereich ist als private Rückzugszone konzipiert. In den beiden Sockelgeschossen befinden sich Nebenräume und eine Einliegerwohnung. Jede der fünf Ebenen hat einen Ausgang ins Freie.
Die Formensprache ist der Klassischen Moderne entlehnt: Zwei Kuben liegen versetzt aufeinander und durchdringen sich – der untere ist in Sichtbeton ausgeführt, der obere mit Zedernholz verkleidet. Das gesamte Haus ist auf einem Raster von 1,18 x 1,18 Metern aufgebaut, aus dem sich Fenster- und Türbreiten, Durchgänge und Treppen ergeben: Ein konsequentes Ordnungsgefüge, das nicht direkt sichtbar ist, aber spürbar bleibt.

▌Die glatte Front des Zedernholzkubus wird durch lamellenartige Einschnitte im Bereich des Treppenhauses unterbrochen. Ein schmaler Stahlsteg führt von der Straße zum Eingang im Obergeschoss.

■ Von der Dachterrasse im obersten Geschoss bietet sich ein fantastischer Panoramablick auf die Stadt.

■ Im Südwesten öffnet sich der Wohnraum mit einer über zwei Geschosse reichenden Verglasung in Richtung Tal.

▌ Unter den auskragenden Bauteilen entstehen geschützte Freibereiche. Ein schmales Schwimmbecken an der unteren Stützmauer zeichnet als „Wasserkante" die Grundstücksgrenze nach.

▌ Treppe zur Aussicht: Die filigrane Holz-Stahl-Konstruktion endet im großzügigen Wohnraum im Hanggeschoss, der über beide Stockwerke reicht.

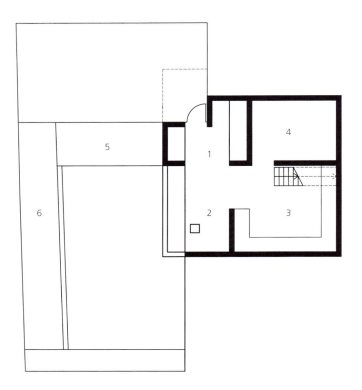
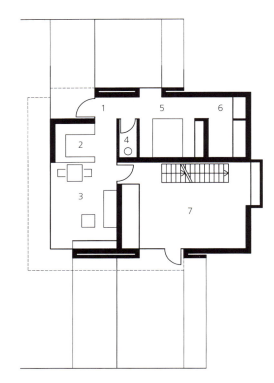

Untergeschoss
M 1:200

1 Werkstatt
2 Büro
3 Abstellraum
4 Technik
5 Deck
6 Schwimmbecken

Hanggeschoss
M 1:200

1 Eingang Einliegerwohnung
2 Kochen
3 Wohnen
4 WC
5 Schlafen
6 Bad
7 Wäsche, Wellness

Büroprofil

wulf & partner
Freie Architekten BDA
Charlottenstraße 29/31
D-70182 Stuttgart
www.wulf-partner.de
Projektarchitekten:
Prof. Tobias Wulf,
M. Arch. Annika Wulf
Studienort:
Prof. Tobias Wulf/M. Arch. Annika Wulf/Dipl.-Ing. Kai Bierich/Dipl.-Ing. Alexander Vohl:
Universität Stuttgart/FH Stuttgart, London, Delft/TH Darmstadt/TH Darmstadt, Universität Stuttgart
Eigenes Büro:
seit 1987
Anzahl der Mitarbeiter:
72
Arbeitsschwerpunkte:
Schulbauten, Bürobauten, Sportbauten, Sozialbauten, Kulturbauten, Gewerbebauten
Arbeits- und Entwurfsphilosophie:
Uns interessiert die Unregelmäßigkeit, das setzt das Verständnis von Regeln voraus. Uns interessiert eine Ordnung, die man spürt, aber nicht unbedingt sieht. Uns interessiert die Erfahrung von Raum, Raum erfährt man am besten in Bewegung.
Uns interessiert der Zusammenhang von Weg und Licht. Ein dynamischer Raum regt zur Bewegung an, er ist nicht selber in Bewegung.
Wir können nicht stagnieren – auch wenn wir uns manchmal in die falsche Richtung bewegen.
Lehrtätigkeit:
Tobias Wulf ist seit 1992 Professor für Entwerfen und Baukonstruktion an der Hochschule für Technik Stuttgart.

Gebäudedaten

Grundstücksgröße: ca. 700 m²
mit ca. 15 m Gefälle
Wohnfläche:
Hauptwohnung 210 m²,
Einliegerwohnung 45 m²
Zusätzliche Nutzfläche: 85 m²
Anzahl der Bewohner: 3 – 5
Bauweise: Massivbau
(Stahlbeton)
Baukosten: keine Angaben
Fertigstellung: 2004

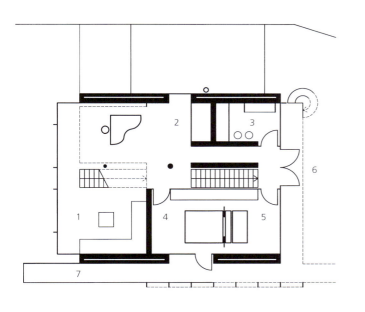
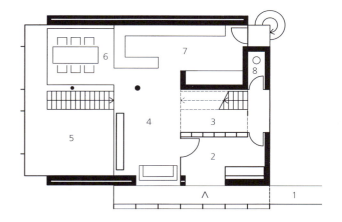

Erdgeschoss
M 1:200

1 Wohnen
2 Kamin
3 Bad
4 Schlafen
5 Kind
6 Tiefhof
7 Balkon

Obergeschoss
M 1:200

1 Steg
2 Eingang, Garderobe
3 Lichtwand
4 Galerie
5 Luftraum
6 Essen
7 Kochen, Hauswirtschaft
8 WC

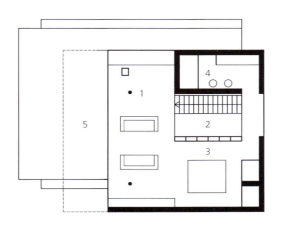

Dachgeschoss
M 1:200

1 Studio
2 Luftraum
3 Schlafen
4 Bad
5 Dachterrasse

■ Von der Eingangsebene mit farbiger Lichtwand und offenem Essplatz führt eine Treppe in den tiefer liegenden Wohnbereich. Durch den Wechsel des Bodenbelags – von Basaltlavaplatten zu Kirschholzparkett – werden die unterschiedlichen Bereiche differenziert.

ANERKENNUNG | HAGEN + STEINHOFF, STUTTGART

Die Kunst der Glas-Fuge

EINFAMILIENHAUS IN STUTTGART

Lageplan

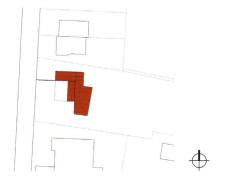

Das lang gestreckte Hanggrundstück hat nicht nur einen außergewöhnlichen Panoramablick über die Stadt zu bieten – auf dem Areal steht zudem eine imposante, denkmalgeschützte Blutbuche. Wunsch der Bauherren war es daher, einerseits den Ausblick zum zentralen Entwurfsthema zu machen, andererseits den alten Baum mit in das Konzept einzubeziehen und die wertvolle Gartenlandschaft im hinteren Teil des Grundstücks weiterzuentwickeln.

Die Architekten teilten das Raumprogramm in zwei Volumen, die sie um die alte Buche gruppierten: Ein Baukörper orientiert sich zur Straße hin und nimmt die Flucht der benachbarten Gebäude auf. Ein zweites Bauteil liegt, um 6 Grad leicht gedreht, im rückwärtigen Bereich und orientiert sich mit seiner Ausrichtung an den leicht schräg verlaufenden Grundstückgrenzen.

Eingangsbereich und Garagen bilden entlang der Straßenfront die Sockelzone des Wohnhauses und wurden, ihrer „Stützfunktion" entsprechend in Sichtbeton ausgeführt. Sie heben sich deutlich vom dahinter liegenden, weiß verputzten Hauptbaukörper ab. Dieser wird durch ein waagrechtes Glasband im Zwischengeschoss optisch von der Sockelzone getrennt.

Auch im Inneren des Hauses fand eine klare Funktionstrennung in zwei Teilbereiche statt: Während in den straßenseitigen Gebäudetrakten, die sich zur Aussicht hin orientieren, die öffentlicheren Nutzungen untergebracht sind – Wohnraum, Bibliothek, Fernsehzimmer –, liegen die privaten Räume im rückwärtigen Bereich auf der Gartenseite. Eine Sonderposition nimmt der Ess- und Kochbereich im Gartengeschoss ein, der sich sowohl nach Westen als auch nach Osten zum Grün hin öffnet.

Verbindendes Element zwischen den beiden Gebäudetrakten ist eine parallel zum Hang verlaufende Glasfuge, in der sich die Haupterschließung befindet, sodass die Zweiteilung des Baukörpers auch im Innenraum deutlich spürbar wird. Die insgesamt vier Ebenen des Hauses werden durch diesen von der Straße her über verschiedene Geländeniveaus ansteigenden „Weg" miteinander verknüpft, der das Volumen und die Tiefe des Baukörpers immer wieder erlebbar macht und wechselseitige Blickbezüge zum Garten und zur Stadt ermöglicht.

Dabei nahmen die Bauherren bewusst in Kauf, dass sie weitere Strecken zurücklegen müssen. Dafür wird der morgendliche Gang vom Schlafbereich im Obergeschoss an der Dachterrasse vorbei zur Küche im darunter liegenden Gartengeschoss zu einem besonderen Erlebnis.

▌Klassisch modern gibt sich das Haus an seiner Eingangsseite – als strahlend weißer Kubus, aus dem große Fensteröffnungen herausgeschnitten sind, die den Blick auf die Stadt freigeben.

▌Im Südosten erscheint der Baukörper nur zweigeschossig. Küche und Essplatz öffnen sich mit großen Glasschiebetüren auf die vorgelagerte Terrasse, die in eine parkähnliche Gartenlandschaft übergeht.

▌In einer Glasfuge, die die beiden Gebäudetrakte voneinander trennt, verläuft parallel zum Hang die Erschließungszone. Im Inneren entwickelt sich ein differenziertes System von Raumfolgen und Geschossebenen.

▌Durch deckenhohe Glasfronten fällt das Licht in den Wohnraum, der ganz auf die spektakuläre Aussicht ausgerichtet ist.

▌Blick auf die Dachterrasse im Westen: ein sichtgeschützter Aussichtsposten und sonniger Freisitz zugleich, der von der alten Blutbuche im Hintergrund beschirmt wird.

Büroprofil

Hagen + Steinhoff
Bürogemeinschaft
für Architektur und
Stadtplanung
Freie Architekten
Hohe Straße 10
D-70174 Stuttgart
www.hagenundsteinhoff.com
Studienort:
Arthur Hagen/Marc Steinhoff:
Universität Stuttgart/Staatliche
Akademie der Bildenden
Künste, Stuttgart
Gemeinsames Büro:
seit 2000
Anzahl der Mitarbeiter:
2 freie Mitarbeiter
Arbeitsschwerpunkte:
Wohnungsbau, Sonderbauten,
Innenausbau, Umbauten
Arbeits- und Entwurfsphilosophie:
Reduzierte Formensprache und
klare Linienführung unter
Berücksichtigung der sich
wandelnden Bedürfnisse der
Benutzer. Wertschätzende
Auseinandersetzung mit der
Standort-Situation, um einen
integrativen Beitrag zu
Landschaft und Stadtbild zu
leisten.

Gebäudedaten

Grundstücksgröße: 2.000 m^2
Wohnfläche: 460 m^2
Zusätzliche Nutzfläche: 63 m^2
Anzahl der Bewohner: 2
Bauweise: Massivbau (Stahlbeton, z.T. mit Putzfassade)
Baukosten je m^2 Wohn- und Nutzfläche: 2.290 Euro
Baukosten gesamt:
1.200.000 Euro
Fertigstellung: 2002

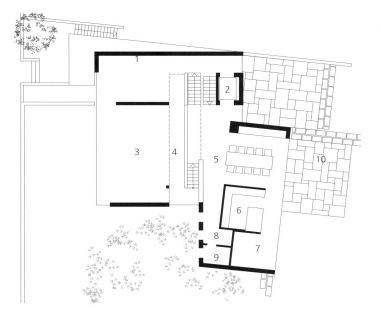
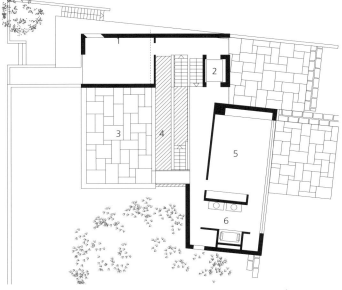

Gartengeschoss
M 1:300

1 Bibliothek
2 Aufzug
3 Wohnen
4 Lichthof
5 Essen
6 Kochen
7 Hauswirtschaftsraum
8 Garderobe
9 WC
10 Gartenterrasse

Obergeschoss
M 1:300

1 Fernsehen
2 Aufzug
3 Aussichtsterrasse
4 Lichthof
5 Schlafen
6 Bad

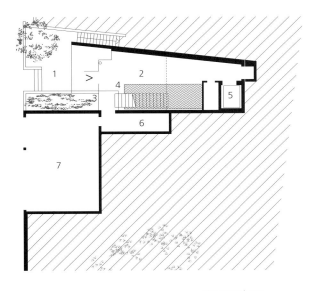
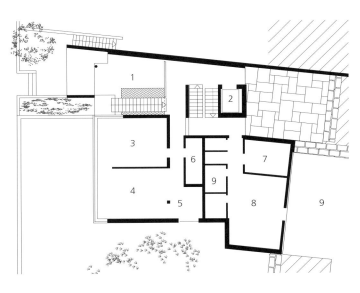

Eingangsebene
M 1:300

1 Vorplatz
2 Eingang, Foyer
3 Pflanzbecken
4 Wasserbecken
5 Aufzug
6 Technik
7 Parken

Hanggeschoss
M 1:300

1 Foyer
2 Aufzug
3 Gast
4 Einlieger
5 Kochen
6 Bad
7 Heizung
8 Wellness
9 Abstellräume

ANERKENNUNG | BOHN ARCHITEKTEN, MÜNCHEN

Archetyp
EINFAMILIENHAUS IN AUGSBURG

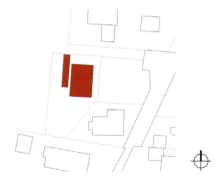

Am Stadtrand von Augsburg, auf einem Grundstück am Wald steht dieses Zwei-Personen-Haus. Es fügt sich unauffällig in die heterogene Bebauung seiner Nachbarschaft ein, die sich aus teils älteren, teils neuen Häusern zusammensetzt. Das Satteldach passt sich in Neigung und Farbe der schwäbischen Dachlandschaft an – wenngleich mit anderen Mitteln: Es ist, wie auch die Fassade, mit schwarzen Eternitplatten verkleidet.

Die knappen Übergangsdetails an den Ecken, die hinter der Verkleidung liegende und kaum wahrnehmbare Regenrinne sowie die außenbündig eingebauten Verglasungen lassen das Gebäude als homogene Einheit erscheinen. Auf diese Weise wird der einfache, kompakte Baukörper zum Archetyp eines Hauses – wie Kinder ihn zeichnen.

Was man auf den ersten Blick nicht vermuten würde: Das Haus ist komplett aus Holz. Auf einer Stahlbetonplatte – wegen des hohen Grundwasserstands hat das Gebäude keinen Keller – steht eine Konstruktion mit Wänden und Decken aus mehrlagig über Kreuz verleimten, massiven Brettholzelementen, so genanntem Dickholz. Als Kellerersatzraum dient ein eingeschossiger Sichtbeton-Bau westlich des Wohngebäudes, in dem Gartengeräte, Fahrräder und Mülltonnen untergebracht sind.

Herzstück des Hauses ist der zentrale Wohnraum im Erdgeschoss, der mit seinen fast 9 Metern Höhe bis unters Dach reicht. Da die Bauherren passionierte Hobbymusiker sind, wurde der Raum so konzipiert, dass er ausreichend Platz bietet für Hauskonzerte und kleinere Gesellschaften. Zudem sollten in einem weiteren separaten Zimmer Schlagzeug und Pauken untergebracht werden. Dieser Raum hat einen direkten Zugang zur Garage, sodass die wertvollen Instrumente auch bei Veranstaltungen außer Haus wetterunabhängig ins Auto verladen werden können. Eine Ebene höher, im Dachgeschoss, befindet sich der private Rückzugsbereich der Bauherren. Eine einfache Holztreppe, in die ein Regalmöbel integriert ist und die bei Hauskonzerten zusätzliche Sitzplätze bietet, führt hinauf zur Arbeitsgalerie und dem Schlaf- und Gästebereich.

Im Gegensatz zur dunklen Außenhaut des Gebäudes sind die Innenräume in hellen Farben gehalten: Die Wände sind mit Gipskartonplatten verkleidet und weiß gestrichen. Der Fußboden im Erdgeschoss ist abgeschliffener und gewachster Heizestrich. Im Obergeschoss wurden 50 Zentimeter breite Furniersperrholzplatten als Bodenbelag verlegt – das gleiche Material, aus dem auch die Treppe und die Regale der Arbeitsgalerie gefertigt wurden.

▮ Schlicht und archaisch wirkt dieses Einfamilienhaus am Stadtrand von Augsburg. Mit seiner dunklen Außenhaut fügt es sich unauffällig in die ländliche Umgebung ein.

▮ Das eingeschossige Nebengebäude an der Westseite dient als Kellerersatzraum und ist gleichzeitig Sichtschutz für die dahinter liegende Terrasse.

Büroprofil

Bohn Architekten
Hechtseestraße 31
D-81671 München
www.bohnarchitekten.de
Projektmitarbeit:
Dipl.-Ing. Heike Molzberger
Studienort:
Julia Mang-Bohn, Architektin
BDA DWB:
TU München

Eigenes Büro:
seit 1989
Anzahl der Mitarbeiter:
4 – 6
Arbeitsschwerpunkte:
Verkehrsbauten (U-Bahnhöfe, Parkhäuser), Industriebauten (Werkstätten, Hallen, Autohäuser), Wohnungsbau (Einfamilienhäuser)

Gebäudedaten

Grundstücksgröße: 831 m²
Wohnfläche: 230 m²
Zusätzliche Nutzfläche: 22 m²
Anzahl der Bewohner: 2
Bauweise: Holzbau
(Dickholzkonstruktion)
Baukosten je m² Wohn- und
Nutzfläche: 1.587 Euro
Baukosten gesamt:
400.000 Euro
Fertigstellung: 2003

■ Eine Sichtbeton-Pergola beschirmt das Holzdeck vor dem Wohnraum. Die „Regal-Treppe" im Hintergrund bietet ausreichend Stauraum für Lesestoff – und zusätzliche Sitzplätze bei Hauskonzerten.

■ Der Arbeitsplatz auf der Galerie erhält durch die großen Dachflächenfenster viel Licht.

■ Schöne Aussichten bieten sich vom Essplatz: Durch raumhohe Glasfronten blickt man auf den unmittelbar angrenzenden Wald.

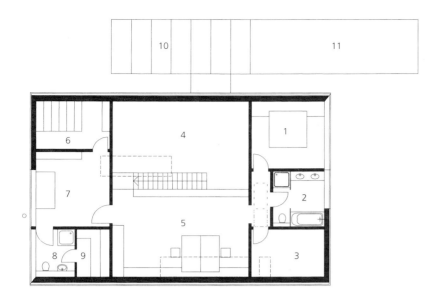

Dachgeschoss
M 1:200

1 Schlafen
2 Bad
3 Schrankraum
4 Luftraum
5 Arbeitsgalerie
6 Abstellraum
7 Gäste
8 Bad
9 Sauna
10 Pergola
11 Begrüntes Flachdach

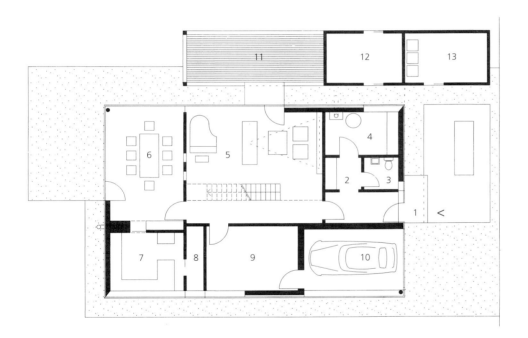

Erdgeschoss
M 1:200

1 Eingang, Windfang
2 Garderobe
3 WC
4 Heizung, Waschen
5 Wohnhalle
6 Essen
7 Kochen
8 Speisekammer
9 Musikzimmer (Pauke, Schlagzeug)
10 Garage
11 Terrasse
12 Abstellraum
13 Fahrräder, Mülltonnen

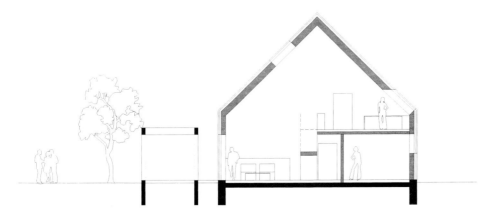

Schnitt
M 1:200

ANERKENNUNG | PMP ARCHITEKTEN, MÜNCHEN

Zwischen-Lösung

EINFAMILIENHAUS IN MÜNCHEN

Lageplan

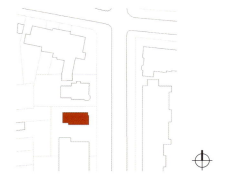

Der Münchner Stadtteil Gern, östlich des Nymphenburger Schlosses gelegen, gehört zu den bevorzugten Wohnlagen in der Stadt. In der Nähe des Schlosskanals entstanden hier um 1900 schmucke Häuserzeilen in geschlossener Bauweise im Wechsel mit villenartigen Einzelgebäuden, denen tiefe Grünstreifen mit Alleebäumen vorgelagert sind.

In eine Lücke zwischen zwei denkmalgeschützten Nachbargebäuden aus der Gründerzeit platzierten die Architekten den schmalen Neubau für eine fünfköpfige Familie. Selbstbewusst gibt sich das Gebäude, das auf dem ehemaligen Gartengrundstück eines Wohn- und Atelierhauses errichtet wurde, als moderner Bau zu erkennen: ein lang gestreckter Flachdach-Quader mit tiefen Ein- und Ausschnitten. Diese zerlegen die auf den ersten Blick einfach erscheinende Baumasse in ein differenziertes Raumgebilde. So wurden in der Erdgeschosszone große Öffnungen aus dem Gebäudevolumen herausgestanzt. Eingeschobene Kuben, die mit orangerot lasierten Lärchenholzlamellen verkleidet sind, verschließen den Baukörper wieder und betonen mit ihrer Ausrichtung die horizontale Basis.

An der Südseite bleibt die Fassade weitgehend fensterlos – ein Tribut der Bauherren an den unmittelbar angrenzenden Altbau. Dieser steht jenseits der gemeinsam genutzten Grünfläche in engem Sichtkontakt zum neuen Haus. Die reduzierte Öffnung nach Süden kompensiert der Baukörper jedoch mit einer konsequenten Ost-West-Ausrichtung des Grundrisses.

Der Treppenraum ist an der südlichen Längsseite des Hauses angeordnet und dient nicht nur der Erschließung, sondern bildet auch gleichzeitig die zentrale Vertikalachse des Gebäudes. An diese lagern sich – verteilt über alle drei Ebenen – die unterschiedlichen Wohn- und Arbeitsbereiche der Familienmitglieder an: im Erdgeschoss der große Gemeinschaftsbereich, im Obergeschoss die Kinderzimmer, im Dachgeschoss der Schlafraum und das Studio der Eltern. Über einen Luftraum sowie geschossübergreifende Fensterelemente entstehen verschiedene Verbindungen und Blickbeziehungen zwischen diesen einzelnen Zonen.

Gewissermaßen als zentralen „Kern" des Gebäudes sahen die Architekten eine durch alle Geschosse laufende orangefarbene Box vor, die in den Luftraum eingestellt ist. Sie bietet den Hausbewohnern nicht nur ausreichend Stauraum und Schubladen für anfallenden Kleinkram, sondern enthält auch in jeder Ebene Anschlüsse für Telefon, Sprechanlage und die wesentlichen Beleuchtungsschaltungen.

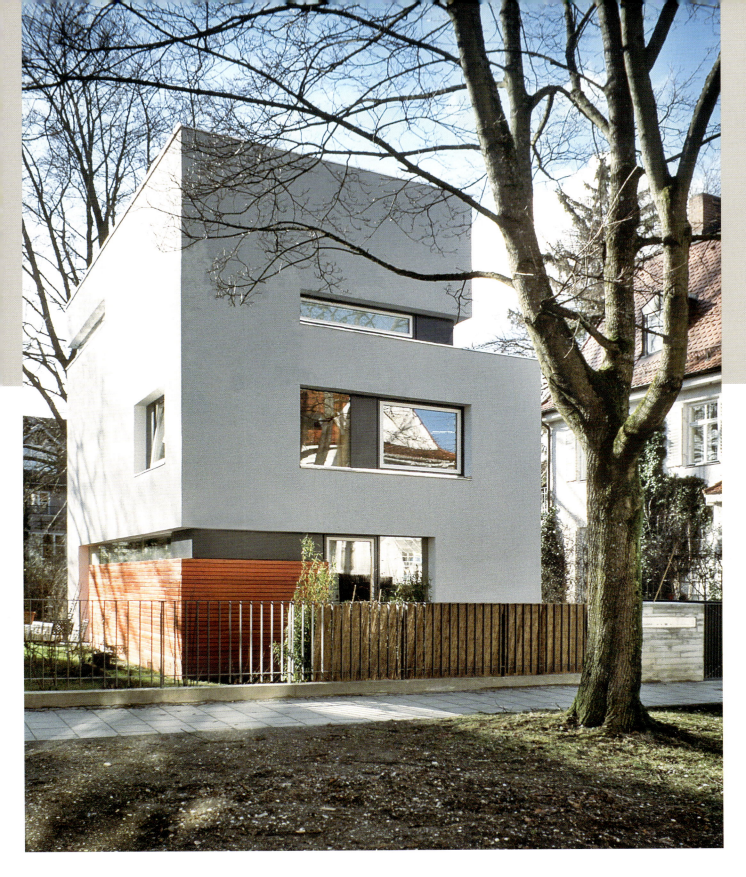

▌Der schmale Neubau schiebt sich zwischen den denkmalgeschützten Nachbarhäusern aus der Gründerzeit in eine Lücke in der Straßenfront.

Büroprofil

pmp
Probst Meyer Partner GbR
Architekten BDA
Nederlinger Straße 68
D-80638 München
www.architekten-pmp.de
Projektmitarbeit:
Andreas Frisch, Thomas Steiner, Angelika Probst, Marion Scheikl
Studienort:
Johannes Probst/Anton Meyer: TU München

Gemeinsames Büro:
seit 1990
Anzahl der Mitarbeiter:
9 – 12
Arbeitsschwerpunkte:
Verwaltungsbau, öffentliche Bauten, individuelle Wohnhäuser
Arbeits- und Entwurfsphilosophie:
Den Umgang mit dem Kontext – baulich oder naturräumlich – sehen wir als eine der tragenden Leitideen unserer Arbeit: sich einzufügen und zu ergänzen, Neues hinzuzufügen mit einer dennoch eigenen Identität, Vorhandenes und Bestehendes zu integrieren und ein Spannungsfeld neuer Strukturen zu schaffen.

Gebäudedaten

Grundstücksgröße: 340 m²
Wohnfläche: 180 m²
Zusätzliche Nutzfläche: 40 m²
Anzahl der Bewohner: 5
Bauweise: Massivbau
Baukosten je m² Wohn- und Nutzfläche: ca. 1.800 Euro
Baukosten gesamt:
ca. 390.000 Euro
Baujahr: 2001

▌ Die orangefarbene Box ist ein verbindendes Element über alle Etagen: Sie bietet nicht nur Stauraum, sondern enthält alle wichtigen technischen Anschlüsse. Im Hintergrund die sichtgeschützte Dachterrasse in der Elternebene

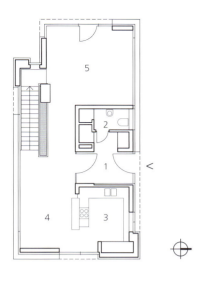
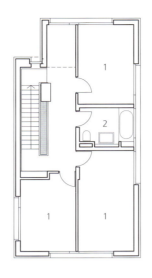

Erdgeschoss
M 1:200

1 Eingang, Garderobe
2 Gäste-WC
3 Kochen
4 Essen
5 Wohnen

Obergeschoss
M 1:200

1 Kind
2 Bad

Dachgeschoss
M 1:200

1 Eltern
2 Bad
3 Studio, Bibliothek
4 Dachterrasse

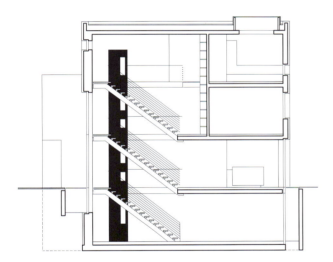

Schnitt
M 1:200

■ Links: Auf der Nordseite rückt das Gebäude dicht an die Grundstücksgrenze heran. Der zurückspringende Eingangsbereich und die orangerot lasierten Holzelemente lockern die formale Strenge des kubischen Baukörpers auf.

■ Rechts: Blick in das Treppenhaus an der Südseite. Das lang gestreckte Gebäude orientiert sich konsequent nach Westen und Osten, was durch die längs angeordneten Fensterbänder und die Laufrichtung des Parkettbodens zusätzlich betont wird.

ANERKENNUNG | MICHAEL SCHATTAN, STARNBERG

Wohnturm am Hang

EINFAMILIENHAUS IN STARNBERG

Lageplan

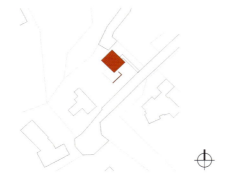

An einem Hanggrundstück in der Gemeinde Starnberg entstand dieses Wohnhaus für eine Familie mit zwei Kindern. Das 600 Quadratmeter große Areal liegt direkt an einem innerstädtischen Grünzug und ist umgeben von einem dichten Wald mit schönen alten Bäumen. Mit seiner strengen Kontur und seiner klaren Form bildet das Gebäude ein Gegengewicht zur bewegten Natur ringsum – ohne sich jedoch von ihr abzugrenzen: Auf allen Ebenen stellt es direkte Blickbezüge zum Außenraum her, ebenso sind alle Geschosse über Terrassen, Balkone oder schmale Austritte unmittelbar mit dem Freiraum verbunden.

Das Gebäude entwickelt sich über vier Ebenen, im Erdgeschoss wird es über einen schmalen Steg von der Straße aus erschlossen. In der Eingangsebene befindet sich der offene Koch- und Essbereich, den eine sichtgeschützte vorgelagerte Terrasse ins Freie erweitert. Lufträume entlang der vollverglasten Fassade verbinden dieses Geschoss mit der darüber liegenden Ebene. Sie sorgen optisch für mehr Weite und Großzügigkeit und holen das Tageslicht, das Grün der Bäume und ein Stück vom Horizont herein.

In der obersten Etage liegt der Wohnraum, von dem aus man direkt in die Baumwipfel blicken kann. Auch diese Ebene ist über einen eingeschobenen, geschützt liegenden Balkon mit dem Freiraum verbunden. Auf diese Weise kann man hier sogar noch bei bayerischem „Schnürlregen" ungestört im Freien sitzen bleiben. Das erste Untergeschoss nimmt die Schlafräume der Eltern und Kinder sowie die Bäder auf. Im zweiten Untergeschoss ist neben den Technikräumen ein kleiner Gästebereich untergebracht. In dieser Ebene, in der sich auch die Garage befindet, wurde ein zweiter Hauseingang vorgesehen.

Da das Haus sowohl von unten, vom Hang aus, als auch von oben, vom Straßenniveau aus, erschlossen wird, besteht die Möglichkeit, die einzelnen Ebenen bei Bedarf voneinander zu trennen. Sie lassen sich später beispielsweise in separate Wohnungen – etwa für die erwachsenen Kinder – umwandeln.

Grundrisse und Öffnungen sind so angelegt, dass die Bäume auf dem Grundstück in den verschiedenen Jahreszeiten unterschiedliche Funktionen übernehmen: Im Sommer sorgen sie für Schatten, im Winter lassen sie die Sonne hindurchscheinen, sodass sich die großen Glasflächen erwärmen können. Das Fassadenmaterial aus unbehandeltem Eichenholz wird im Laufe der Zeit den silbrigen Ton der Stahlbauteile annehmen, sodass das Haus immer mehr hinter der umgebenden Vegetation zurücktritt.

▌Aus der strengen kubischen Form des Baukörpers sind große Öffnungen herausgeschnitten, die direkte Sichtbezüge nach draußen herstellen. Auf der Südseite erweitert eine geschützte Terrasse den Essbereich ins Freie.

▌Blick auf den Eingangsbereich. Mit seiner zurückhaltenden Material- und Farbgestaltung in Holz, Stahl und Glas lässt das Haus der Natur den Vortritt.

Büroprofil

Michael Schattan
Architekt Dipl.-Ing. (FH)
Moritz-von-Schwind-Straße 18
D-82319 Starnberg
Projektmitarbeit:
Monika Meyer, Architektin
Dipl.-Ing. (FH)
Studienort:
Fachhochschule München
Eigenes Büro:
seit 1982

Anzahl der Mitarbeiter:
2
Arbeitsschwerpunkte:
Gewerbebau, Wohnungsbau
Arbeits- und Entwurfsphilosophie:
– Bauen für den Standort
– Einbeziehen von Licht und Natur
– Offenheit nach außen – Schutzräume nach innen
– Nie aufgeben

Gebäudedaten

Grundstücksgröße: 600 m²
Wohnfläche: 246 m²
Zusätzliche Nutzfläche: 55 m²
Anzahl der Bewohner: 4
Bauweise: Mischbau (massiv/Holzkonstruktion)
Baukosten je m² Wohn- und Nutzfläche: 2.026 Euro
Baukosten gesamt: 610.000 Euro
Fertigstellung: 2004

▌Ein Luftraum stellt den Sichtkontakt zum Wohnbereich in der obersten Etage her – und sorgt für zusätzlichen Lichteinfall.

▌Rechts oben: Wie im Baumhaus fühlt man sich am Essplatz in der Eingangsebene – Blätter und Äste scheinen zum Greifen nah.

▌Rechts unten: Küche mit Aussicht. Anstelle von Oberschränken wurde über der Arbeitsfläche ein lang gestrecktes Fensterband vorgesehen.

▌Mit raumhohen Glasfronten öffnet sich das Haus an der Hangseite zur Aussicht. Über den schmalen Austritt in der obersten Ebene hat der Wohnraum auch hier einen unmittelbaren Bezug ins Freie.

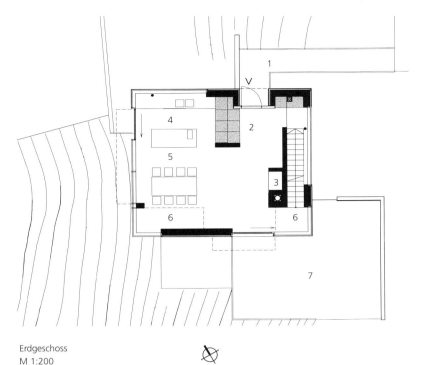

Erdgeschoss
M 1:200

1 Eingangssteg
2 Garderobe
3 Offener Kamin
4 Kochen
5 Essen
6 Luftraum
7 Terrasse

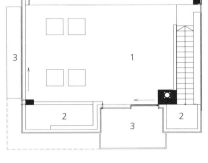

Obergeschoss
M 1:200

1 Wohnen
2 Luftraum
3 Balkon

1. Untergeschoss
M 1:200

1 Kind
2 Bad
3 Gäste-WC
4 Eltern
5 Sauna

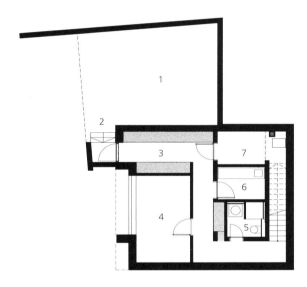

2. Untergeschoss
M 1:200

1 Garage
2 Unterer Eingang
3 Vorrat
4 Gast
5 Gästebad
6 Hauswirtschaftsraum
7 Technik

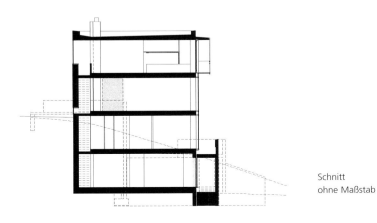

Schnitt
ohne Maßstab

ANERKENNUNG | CARAMEL ARCHITEKTEN
MIT ATELIER TUMMELPLATZ – FRIEDRICH STIPER, WIEN UND LINZ

Abgehoben

EINFAMILIENHAUS IN LINZ

Lageplan

Der Linzer Pöstlingberg bietet eine grandiose Aussicht auf die Stadt. Als die Bauherren, eine Familie mit drei Kindern, sich entschlossen hier ein Grundstück zu erwerben, waren sie gerne bereit, auch einen höheren Quadratmeterpreis dafür in Kauf zu nehmen. Bei der Auswahl der Parzelle, auf der ihr neues Domizil entstehen sollte, waren die Architekten bereits mit eingebunden. Angesichts der knappen – und äußerst wertvollen – Freiraumressourcen wurde es zur Entwurfsvorgabe, diese optimal zu nutzen.

Der Neubau rückt daher auf drei Seiten dicht an die Grundstücksgrenzen heran, sodass lediglich die vorgeschriebenen Mindestabstände eingehalten werden. Auf diese Weise konnte der südlich abfallende Teil des Areals völlig frei von Bebauung bleiben. Um das umfangreiche Raumprogramm der Bewohner unterzubringen, stapelten die Architekten die Baumasse in die Vertikale, sodass fast die gesamte Grundstücksfläche weiterhin als Freiraum nutzbar ist.

Im Innern des Hauses entstand ein ausgeklügeltes System ineinander greifender, teilweise halbgeschossig versetzter Räume, das seinen Höhepunkt in einer spektakulären Auskragung des Baukörpers auf der Ostseite findet: Auf eine Länge von 13,5 Metern ragt das obere Geschoss, in dem sich der Wohn- und Essbereich befinden, über den abfallenden Hang hinaus.

Der Hauptzugang liegt im Westen in der mittleren Ebene. Diese ist Knotenpunkt und kommunikatives Zentrum des Familienlebens: Hier liegt die Küche mit einem angeschlossenen Kinderspielbereich, von hier aus gelangt man auf die weitläufige Terrasse. Das Haus entwickelt sich in auskragenden oder in die Erde eingegrabenen „Raumschleifen", die ineinander übergehen und immer in Bezug zum Knotenpunkt in der Mitte stehen. Die Schlafzimmer der Eltern und Kinder liegen im Untergeschoss, das in den Hang eingebettet ist und sich zum Garten hin orientiert.

Über ein paar Stufen gelangt man von der Küche in den höher liegenden Wohnbereich, der eine fantastische Aussicht über Linz bis hin zu den Alpen bietet, sowie eine gemütliche Lounge und einen Arbeitsraum. Die gesamte Südfront ist hier großzügig verglast und wird nur durch die statisch notwendigen Stahlträger akzentuiert.

Um den skulpturalen Charakter des Gebäudes zu betonen, ist die Außenhaut mit einer Polyurethan-Folie überzogen, die im Spritzverfahren vor Ort als letzte Bauwerksschicht auf die Verkleidung aus OSB-Platten aufgebracht wurde. Kein Attikablech stört nun die homogene Hülle.

▌ Mit einer waghalsigen Auskragung von gut 13 Metern reckt sich dieses Haus der Stadt entgegen. Die vollverglaste Fassade wird nur durch die statisch notwendigen Stahlträger gegliedert.

▌ Zur Straße hin gibt sich der Bau verschlossen und rückt nah an die Grundstückgrenzen heran. Die vollständig mit Polyurethan-Folie verkleidete Außenhaut des Gebäudes verleiht ihm sein homogenes Aussehen.

▌ Unten: Das geschossübergreifende Küchenmöbel stellt einen direkten Bezug zur höher liegenden Ess- und Wohnebene her.

▌ Ein ausgeklügeltes System versetzter Ebenen charakterisiert die Innenräume. Hier der Blick vom offenen Essplatz auf die Treppe zur Lounge, die ein halbes Geschoss höher liegt, sowie auf den tiefer liegenden Kochbereich.

▌ Die stützenfreie Auskragung schützt den Kinderspielbereich vor Regen und Sonne. Die Fassade der Schlafräume im Gartengeschoss besteht aus vorgehängten Schichtstoffplatten und lässt sich über Schiebeflügel komplett schließen.

Büroprofil

**Caramel architekten
ZT-gmbh
katherl.haller.aspetsberger
Interieur: Friedrich Stiper**
Schottenfeldgasse 72/II/3
A-1070 Wien
Tummelplatz 5
A-4040 Linz
www.caramel.at
Projektteam:
Clemens Kirsch, Barbara Schwab, Ulrich Aspetsberger, Günter Katherl
Gartenplanung:
Doris Pühringer

Studienort:
Günter Katherl/Martin Haller/Ulrich Aspetsberger: TU Wien, University of Michigan/TU Innsbruck/TU Wien
Gemeinsames Büro:
seit 2000
Anzahl der Mitarbeiter:
6
Arbeitsschwerpunkte:
Öffentliche Bauten (Krankenhäuser, Schulen, Bildungszentren, Büro- und Werkstattgebäude), Einfamilienhäuser, Repräsentationsräume (Werbeagenturen, Galerien u.a.), Kunstprojekte (Architekturbiennale Venedig 2004) und Objektdesign (Carport, Waschbecken, u.a.)
Arbeits- und Entwurfsphilosophie:
„Everytime a new challenge".
Lehrtätigkeit:
Günter Katherl war 2004 Gastprofessor an der RWU University of Rhode Island. Martin Haller ist seit 2000 Lehrbeauftragter am Institut für Gebäudelehre der TU Wien.

Gebäudedaten

Grundstücksgröße: 820 m^2
Wohn- und Nutzfläche: 245 m^2
Anzahl der Bewohner: 5
Bauweise: Massivbau (Stahlbeton)
Baukosten je m^2 Wohn- und Nutzfläche: 1.500 Euro
Baukosten gesamt: 350.000 Euro (ohne Interieur)
Fertigstellung: 2004

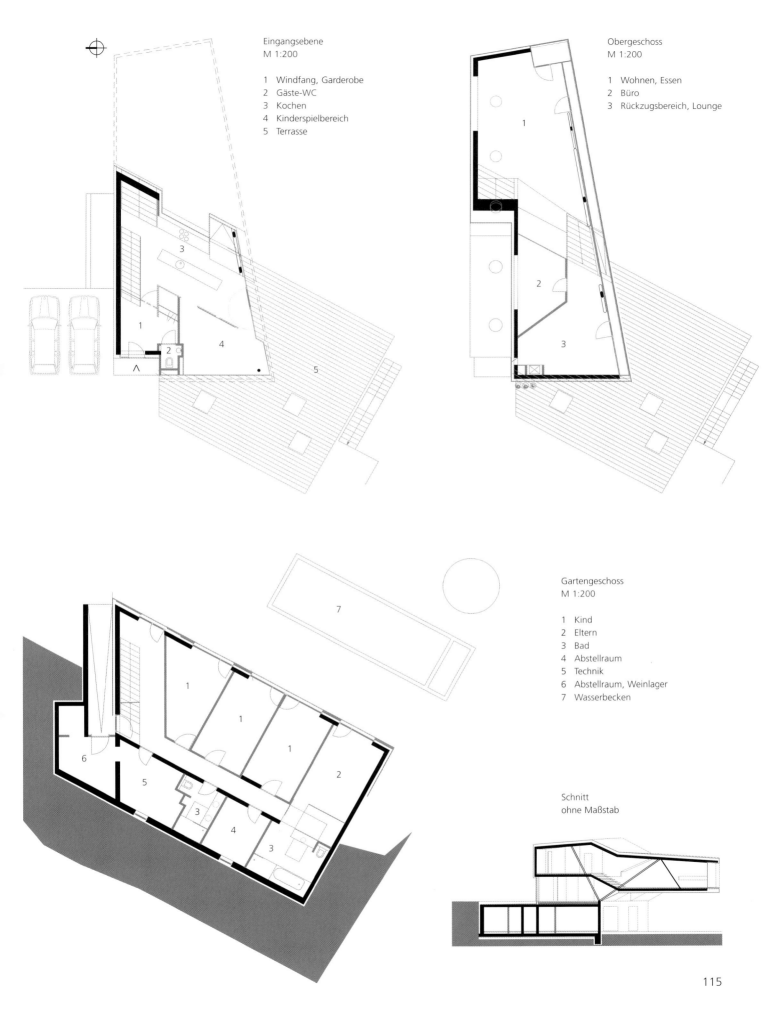

Eingangsebene
M 1:200

1 Windfang, Garderobe
2 Gäste-WC
3 Kochen
4 Kinderspielbereich
5 Terrasse

Obergeschoss
M 1:200

1 Wohnen, Essen
2 Büro
3 Rückzugsbereich, Lounge

Gartengeschoss
M 1:200

1 Kind
2 Eltern
3 Bad
4 Abstellraum
5 Technik
6 Abstellraum, Weinlager
7 Wasserbecken

Schnitt
ohne Maßstab

115

ANERKENNUNG | DIETRICH | UNTERTRIFALLER ARCHITEKTEN, BREGENZ

Dreiländerblick de Luxe

EINFAMILIENHAUS IN BREGENZ

Lageplan

Am Pfänderhang, dem Hausberg von Bregenz, entstand dieses Wohnhaus für eine sechsköpfige Familie. Die exponierte Lage des Grundstücks bietet eine traumhafte Aussicht auf das Dreiländereck: Im Südwesten öffnet sich das Rheintal bis nach Feldkirch und gibt den Blick auf die Schweizer Berge frei. Im Vordergrund liegt Bregenz, dahinter der Bodensee mit seinem östlichen Ufer und der Inselstadt Lindau.

Der lang gestreckte Baukörper orientiert sich nach Süden und schiebt sich quer zu den Höhenlinien in den Hang hinein. Das L-förmige Sockelgeschoss aus Sichtbeton bildet die Basis für den darüber liegenden zweigeschossigen Holzbau. Hier befinden sich die Garage, der Eingangsbereich sowie die Nebenräume. Über eine Kaskadentreppe, die an der nördlichen Längsseite des Hauses verläuft und gezielt Ausblicke in die Landschaft freigibt, gelangt man in das obere Geschoss. In dieser Ebene, auf Gartenniveau, sind die Schlafräume sowie die Bäder untergebracht.

Die vier Kinderzimmer wurden, dem Wunsch der Bauherren folgend, alle identisch gestaltet und reihen sich wie an einer Perlenschnur entlang des Erschließungsflurs auf. Das „Headquarter" der Eltern befindet sich am Ende dieses Ganges an der Westseite – mit einem großen liegenden Fenster, das den Blick auf den Bodensee freigibt. An dieser Stelle ragt der Baukörper um eine Achslänge über das Untergeschoss hinaus und überdeckt den Eingangsbereich. Eine Ebene höher entsteht damit gleichzeitig ein Freisitz mit Rundumblick in die Landschaft, der von einem leicht auskragenden Dach geschützt wird.

Das Wohngeschoss in der obersten Etage ist als großer zusammenhängender Raum ohne Zwischenwände gestaltet. Lediglich der hangseitig gelegene Arbeitsbereich ist durch ein Schrankelement abgeteilt. Küche, Essplatz und Wohnraum gehen nahtlos ineinander über und öffnen sich auf der Westseite mit deckenhohen Glasfronten, deren Rahmen bündig in die Wände eingelassen sind, auf die vorgelagerte Loggia.

Die Fassade wurde mit unterschiedlichen Materialien verkleidet: Während sich die Nordseite mit dunklen Eternitplatten eher verschlossen gibt, ist die Südfront großflächig verglast und mit Lärchenholzelementen rhythmisch gegliedert. Auch in den Innenräumen spiegelt sich diese Zweiteilung wider: Eingangszone und Erschließungsflur sind in rauem Sichtbeton und dunklem Schieferboden gestaltet, die Wohnbereiche hingegen mit weißen Wänden, hellem Ahornparkett und Einbauten aus Birkenholz.

▍Die durchlaufenden und farblich abgesetzten Geschossebenen betonen die Horizontale des lang gestreckten Baukörpers. Helle Lärchenholzpaneele geben der Fassade im Gartengeschoss einen gleichmäßigen Rhythmus.

▍Im Gegensatz zur transparenten Südfront ist die Fassade im Norden fast vollständig geschlossen und mit dunklen Eternitplatten verkleidet.

❚ Unten: Ahornparkett und Einbauten aus Birkenholz sorgen für eine helle, freundliche Atmosphäre. Hinter dem Küchentrakt versteckt liegt der Arbeitsraum.

❚ Die Wohnebene im Obergeschoss ist ein einziger großer Raum ohne trennende Wände. Die rahmenlose Festverglasung scheint die Grenzen zwischen Innen und Außen aufzuheben und gibt die Aussicht in die Talebene frei.

❚ Der Eingangsbereich an der Westseite wird von dem auskragenden Obergeschoss, in dem sich das Elternschlafzimmer befindet, überdeckt.

Büroprofil

Dietrich | Untertrifaller Architekten
Arlbergstraße 117
A-6900 Bregenz
www.dietrich.untertrifaller.com
Planung: Helmut Dietrich
Projektleitung: Marina Hämmerle, Albert Rüf

Studienort:
Helmut Dietrich/Much Untertrifaller: TU Wien

Gemeinsames Büro:
seit 1994

Anzahl der Mitarbeiter:
22

Arbeitsschwerpunkte:
Öffentliche Bauten, Schulen, Kindergärten, Einfamilienhäuser

Arbeits- und Entwurfsphilosophie:
Unsere Projekte haben eine starke Beziehung zum Ort und seinem Umfeld, sind aus der Situation und dem Programm entwickelt. Dies garantiert differenzierte Lösungen, Individualität und Unverwechselbarkeit. Bestehendes und Neues ergänzen einander und führen zu einem spannenden Gesamtergebnis.

Gebäudedaten

Grundstücksgröße: 882 m^2
Wohnfläche: 240 m^2
Zusätzliche Nutzfläche: 85 m^2
Anzahl der Bewohner: 6
Bauweise: Holzbau auf massivem Untergeschoss
Baukosten: keine Angaben
Fertigstellung: 2001

ANERKENNUNG | OSKAR LEO KAUFMANN, DORNBIRN

Haut aus Stahl

EINFAMILIENHAUS IN DORNBIRN

Lageplan

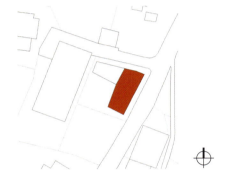

Silbrig schimmert die Fassade dieses Einfamilienhauses im österreichischen Dornbirn. Das ungewöhnliche Material der Außenhülle besteht aus fugenlos genieteten Chromstahl-Lochblechen, die das Gebäude wie eine zweite Haut umgeben. Auf diese Weise erscheint der präzise, klar umrissene Baukörper, der mit seiner Kubatur und dem geneigten Satteldach die traditionellen Bauformen in seiner Umgebung aufgreift, abstrakt und beinahe unwirklich.

Das dreigeschossige Gebäude wurde auf einem knapp 400 Quadratmeter großen Eckgrundstück über dem Fundament eines bestehenden Weinkellers errichtet. An seiner Eingangsseite im Osten grenzt das monolithisch wirkende Haus direkt an die Straße und präsentiert sich mit einer geschlossenen Front, die nur durch den unauffällig gestalteten Hauseingang unterbrochen wird. Ganz anders hingegen wirkt es auf der gegenüberliegenden Gartenseite: Hier ist die Fassade über alle Etagen großzügig verglast und öffnet sich mit breiten Panoramascheiben und Schiebetüren ins Grüne. Ein langes Vordach schirmt das Grundstück im Norden ab und bietet Unterstellmöglichkeiten für mehrere Autos.

Raumprogramm und Grundrissorganisation des gut 280 Quadratmeter großen Hauses sind ganz auf die Bedürfnisse des Bauherrn abgestimmt. In der Eingangsebene im Erdgeschoss befindet sich ein großzügiger Koch- und Essbereich mit einem offenen Kamin. Der Raum ist so bemessen, dass er auch einer größeren Gästeschar noch ausreichend Platz bieten kann. Eine mittig angeordnete Treppe führt in die darüber liegenden Ebenen.

Im Obergeschoss ist auf der einen Gebäudeseite das Home-Office des Bauherrn untergebracht, während die andere Hälfte in der Südwestecke ganz von einer offenen Wohnhalle eingenommen wird, die über zwei Etagen reicht. Von hier aus kann man durch eine Öffnung im Boden direkt in die Küche hinabblicken. Ungewöhnlich ist auch das Material, das als Absturzsicherung verwendet wurde: Anstelle eines Geländers wird der Lichtschacht von einem Maschendraht überspannt. Die privaten Rückzugsbereiche der Familienmitglieder mit Schlafräumen und Nasszellen liegen eine Ebene höher im Dachgeschoss.

Das Haus besteht aus einer einschaligen Sichtbetonkonstruktion, die mit einer außen liegenden Wärmedämmung versehen ist. Decken und Wände sind ohne zusätzliche Aufbauten ausgebildet, sodass auch die Fußbodenheizung – beziehungsweise die Kühlung im Sommer – in den Zwischendecken sowie der Bodenplatte liegt.

▎Gebäude-Installation mit Baum: Wie eine abstrakte, silberne Skulptur erscheint dieser monolithische Bau. Die Fassade ist komplett mit fugenlos genietetem Chromstahlblech verkleidet.

▎Zur Straße hin gibt sich das Haus verschlossen. Der unauffällige Eingang wird nur durch das schmale Vordach betont.

▎ Der Wohnraum an der Südecke des Gebäudes reicht über zwei Geschosse. Wand- und Giebelflächen scheinen nahtlos ineinander überzugehen.

▎ Die Küche im Eingangsgeschoss wird über eine Aussparung in der Decke des Wohnraums auch von oben belichtet. Ein Maschendrahtgitter dient als Absturzsicherung.

▎ Weniger wirkt mehr: Eine flache Betontreppe führt vom puristisch gestalteten, ganz in Sichtbeton gehaltenen Eingangsflur ins Haus hinein.

▎ Auf der Westseite sind die Räume großzügig verglast und orientieren sich zum kleinen Garten in der Mitte. Links im Bild die überdachten Stellplätze.

Büroprofil

oskar leo kaufmann
ziviltechniker gesmbh
Steinebach 3
A-6850 Dornbirn
www.olk.cc
Projektleitung:
Oskar Leo Kaufmann,
Albert Rüf

Studienort:
Arch. DI Oskar Leo Kaufmann:
TU Wien

Eigenes Büro:
seit 2001

Anzahl der Mitarbeiter:
10 – 12

Arbeitsschwerpunkte:
Keine besonderen
Schwerpunkte

Gebäudedaten

Grundstücksgröße: 393 m²
Wohn- und Nutzfläche: 280 m²
Anzahl der Bewohner: 3
Bauweise: Massivbau
Baukosten: keine Angaben
Fertigstellung: 2002

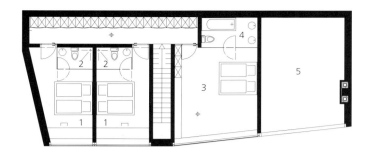

2. Obergeschoss
M 1:200

1 Kind
2 Dusche, WC
3 Eltern
4 Bad
5 Luftraum

1. Obergeschoss
M 1:200

1 Wohnen
2 WC
3 Büro

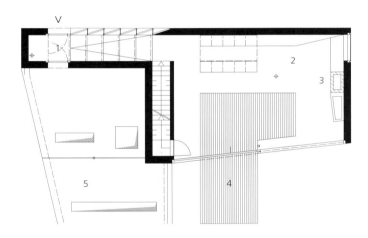

Erdgeschoss
M 1:200

1 Eingang, Windfang
2 Kochen, Essen
3 Kamin
4 Terrasse
5 Überdachte Stellplätze

Schnitt
M 1:200

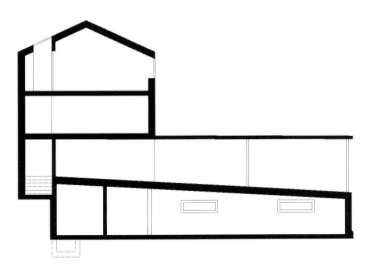

ANERKENNUNG | OSKAR LEO KAUFMANN, DORNBIRN

Bauen mit System

EINFAMILIENHAUS IN BEZAU

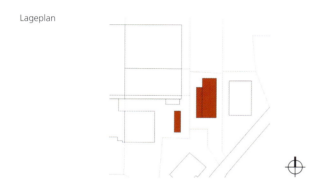

Lageplan

Baukastenprinzip hoch zwei: Ein Grundmodul im Raster von 1,20 x 1,20 Metern bildet die Maßeinheit für dieses ungewöhnliche Einfamilienhaus, das Architekt Oskar Leo Kaufmann in Bezau im westlichen Bregenzerwald baute. Das Gebäude wurde als Prototyp konzipiert, bei dem erstmals das Elementbausystem „oa.sys" zur Anwendung kam. Entwickelt wurde die Modulbauweise in Kooperation mit der Vorarlberger Holzbaufirma Berlinger. „Erlaubt ist, was gefällt", nach diesem Motto entstand ein ausgetüfteltes System von komplett vorinstallierten Elementen – Böden, Wänden, Decken, Fenstern, Treppen und vielem mehr –, das je nach Belieben aneinander gereiht oder übereinander gestapelt werden kann. Die vorfabrizierten Bauteile werden fix und fertig auf der Baustelle angeliefert und können in kürzester Zeit auf das vorbereitete Fundament gestellt werden.

Das Wohnhaus für eine Familie besteht aus zwei ineinander verschobenen Quadern, von denen der eine leicht ins Erdreich versenkt, der andere leicht aufgeständert wurde. Dieser Gliederung des Hauses entspricht auch eine Zweiteilung der Funktionen: Im vorderen, tiefer liegenden Bereich befindet sich der große offene Wohn-, Koch- und Essraum mit einer seitlich angrenzenden Terrasse. Von hier führt ein Steg in den hinteren Trakt mit den Schlaf- und Gästezimmern.

Die äußere Gebäudehülle – die Fassade und die am Eingang auskragende Deckenplatte – ist vollständig mit großformatigen Zellulosefaserplatten verkleidet, die der experimentierfreudige Architekt mit einer Schicht aus schwarz glänzendem Autolack überziehen ließ. Auf diese Weise sticht der ansonsten mit seiner Kubatur eher zurückhaltend gestaltete, schlichte Baukörper klar aus seinem baulichen Umfeld traditioneller Häuser mit Holz- und Putzfassaden hervor.

Auf deutliche Kontraste setzten die Planer auch bei der Gestaltung der Innenräume: Im Gegensatz zur dunklen Außenhaut ist hier alles in strahlendem Weiß gehalten. Ob Wände, Decken, Küchenzeile, Sanitärobjekte oder Einbauten – alles ist konsequent monochrom. Die teilweise hochglänzenden Oberflächen geben den Innenräumen dabei ein fast unwirkliches Aussehen. Auch die sparsame Möblierung fügt sich nahtlos in das puristische Konzept ein, nur einzelne Elemente sorgen gelegentlich für kräftige Farbtupfer. Erlaubt ist, was gefällt – und schließlich wird über die große Fensterfront im Westen auch noch ein bisschen Wiesengrün ins Haus geholt.

▌ Unter dem aufgeständerten Vordach an der Südseite befindet sich der Hauseingang und eine offene Treppe ins Untergeschoss.

▌ Die Kubatur des Hauses besteht aus zwei ineinander verschobenen Quadern – einem abgesenkten Wohnbereich und einem leicht erhöht liegenden Schlaftrakt.

▌Kontrastprogramm: Die Außenhaut des Gebäudes ist vollständig mit großformatigen, schwarz lackierten Zellulosefaserplatten verkleidet.

▌Farblos glücklich: Weiß dominiert in allen Räumen – vom Boden bis zur Decke – und gibt dem Haus ein fast unwirkliches Aussehen.

▌Bade-Zimmer: Blick in den Schlafraum, der nahtlos in die offene Nasszelle übergeht.

▌Weniger ist mehr: Blick in die offene Küche mit Essplatz. Über den Laufsteg auf der linken Seite gelangt man zum Schlaf- und Gästetrakt in der höher liegenden Ebene.

Büroprofil

oskar leo kaufmann
ziviltechniker gesmbh
Steinebach 3
A-6850 Dornbirn
www.olk.cc
Systementwicklung:
Oskar Leo Kaufmann,
Albert Rüf

Studienort:
Arch. DI Oskar Leo Kaufmann:
TU Wien
Eigenes Büro:
seit 2001
Anzahl der Mitarbeiter:
10 – 12
Arbeitsschwerpunkte:
Keine besonderen
Schwerpunkte

Gebäudedaten

Grundstücksgröße: 635 m²
Wohn- und Nutzfläche
(ohne Keller): 129 m²
Anzahl der Bewohner: 3
Bauweise: Holzelementbau
auf massivem Untergeschoss
Baukosten: keine Angaben
Fertigstellung: 2003

Obergeschoss
M 1:200

1 Kochen, Essen, Wohnen
2 Gäste
3 WC
4 Schlafen, Baden
5 Dusche, WC
6 Ankleide

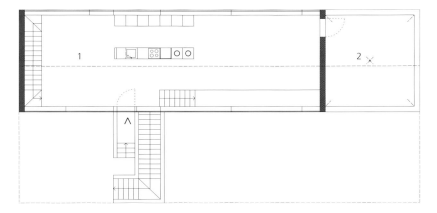

Erdgeschoss
M 1:200

1 Kochen, Essen, Wohnen
2 Terrasse

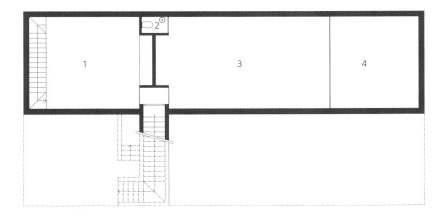

Untergeschoss
M 1:200

1 Waschküche
2 WC
3 Studio
4 Kaltraum

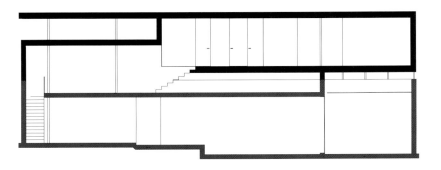

Schnitt
M 1:200

ANERKENNUNG | DIETRICH | UNTERTRIFALLER ARCHITEKTEN, BREGENZ

Offene Festung

EINFAMILIENHAUS IN KLAUS

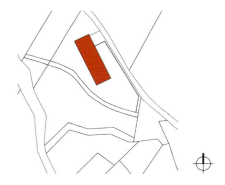

Lageplan

Abseits großer Straßen, in einer Bucht des Rheintals, befindet sich die Vorarlberger Gemeinde Klaus. Das günstige Klima und die Lage des Ortes an einer nach Süden offenen Terrasse führten dazu, dass hier seit langem Weinbau betrieben wird. Im Lauf der Jahrzehnte hat sich die Gemeinde immer mehr von einem Winzerdorf zu einem beliebten Ferienort entwickelt.

Das Wohnhaus, das Dietrich | Untertrifaller Architekten hier für eine vierköpfige Familie konzipierten, thront als dreigeschossiger Kubus parallel zum stark abfallenden Hang über dem Ort. Vom Grundstück aus hat man einen traumhaften Blick über das gesamte Rheintal bis hin zu den Schweizer Bergen. Das Gebäude ist nah an die östliche, straßenseitige Grundstücksgrenze herangerückt, sodass das natürliche Gelände kaum angetastet werden musste: Es wurde in seinem ursprünglichen Zustand belassen, die einzig ebene Fläche wird als Garten genutzt. Mit seinem zweigeschossigen Sockel sitzt das Wohnhaus direkt auf dem Bergfels auf. In Analogie zum Baugrund ist dessen Oberfläche durch frühes Auswaschen des Betons grob und in felsartiger Struktur gegossen. In diesem massiven Kern befindet sich in der untersten Ebene neben Gästezimmer und Technikraum auch ein Naturkeller, der sich für die Lagerung von Wein anbietet. Die darüber liegende Ebene nimmt das Ruhegeschoss mit den Schlafräumen der Eltern und Kinder auf.

Wie eine Festung wird das monolithisch wirkende Gebäude über eine Brücke von der höher liegenden Straße erschlossen. Man betritt das Haus somit in der obersten Etage. Das Eingangsgeschoss ist als dunkel eingefärbter, leicht überstehender, U-förmiger Sichtbetonbügel auf das Sockelgeschoss gestellt und bildet den Rahmen für den darin liegenden Wohnbereich. Die Innenseiten des Bügels sind mit Eichenholz verkleidet, seine Auskragung dient gleichzeitig als umlaufende Veranda beziehungsweise Sonnenschutz.

Die Wohnebene selbst ist als ein großer Raum konzipiert, der optisch nur durch einen offenen Kamin in der Gebäudemitte unterteilt wird. An dessen Rückwand befindet sich die Küchenzeile, die offen in den Essplatz übergeht. Warme, natürliche Materialien bestimmen das Interieur: Bodenbelag, Deckenverkleidung, Fenster und auch die offene Küchenzeile sind durchgängig aus Eichenholz. Raumhohe Glasfronten und Schiebetüren lassen sich auf die Veranda öffnen und stellen direkte Blickbezüge zur umgebenden Natur her.

▌ Das Haus scheint sich fast in den Hang hineinzuducken. Mit seinen naturbelassenen Materialien fügt es sich unauffällig in die umgebende Landschaft ein.

▌ Blick auf den holzverkleideten Eingangsbereich im Nordosten. Eine Bruchsteinmauer grenzt das steil abfallende Grundstück zur Erschließungsstraße hin ab.

Büroprofil

Dietrich | Untertrifaller Architekten
Arlbergstraße 117
A-6900 Bregenz
www.dietrich.untertrifaller.com
Planung: Much Untertrifaller
Projektleitung: Andreas Hammer

Studienort:
Helmut Dietrich/Much Untertrifaller: TU Wien

Gemeinsames Büro: seit 1994

Anzahl der Mitarbeiter: 22

Arbeitsschwerpunkte:
Öffentliche Bauten, Schulen, Kindergärten, Einfamilienhäuser

Arbeits- und Entwurfsphilosophie:
Unsere Projekte haben eine starke Beziehung zum Ort und seinem Umfeld, sind aus der Situation und dem Programm entwickelt. Dies garantiert differenzierte Lösungen, Individualität und Unverwechselbarkeit. Bestehendes und Neues ergänzen einander und führen zu einem spannenden Gesamtergebnis.

Gebäudedaten

Grundstücksgröße: 2.155 m²
Wohnfläche: 240 m²
Zusätzliche Nutzfläche: 68 m²
Anzahl der Bewohner: 4
Bauweise: Massivbau (Sichtbeton mit Innendämmung)
Baukosten: keine Angaben
Fertigstellung: 2003

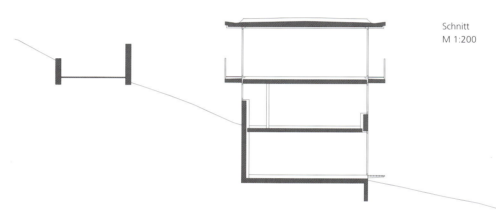

Schnitt
M 1:200

■ Auf dem massiven Untergeschoss thront die Wohnebene. Sie wird von einem umlaufenden Sichtbetonbügel gerahmt, der Veranda und Sonnenschutz zugleich ist.

■ Rechts: Der Wohnbereich in der Eingangsebene ist ein einziger großer Raum, optisch nur unterteilt durch den Kamin in der Mitte. Die Verlegerichtung von Bodenbelag und Deckenverkleidung setzt sich auf der Veranda fort und betont die Längsausrichtung des Gebäudes.

■ Rechts außen: Die offene Kochzeile ist wie ein Möbel in den Raum integriert und mit Eichenholz verkleidet.

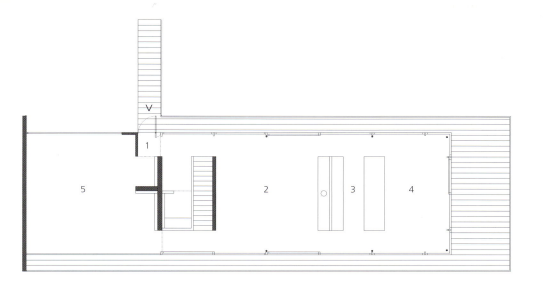

Obergeschoss
M 1:200

1. Eingang, Windfang
2. Wohnen
3. Kochen
4. Essen
5. Garage

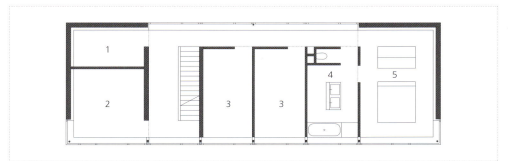

Erdgeschoss
M 1:200

1. Abstellraum
2. Büro
3. Kind
4. Bad
5. Eltern

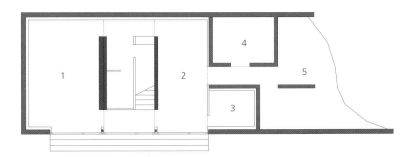

Untergeschoss
M 1:200

1. Gäste
2. Ruhebereich
3. Sauna
4. Technik
5. Weinkeller

ANERKENNUNG | JEAN CLAUDE MAHLER, BOTTIGHOFEN

Muster-Lösung

EINFAMILIENHAUS IN BOTTIGHOFEN

Lageplan

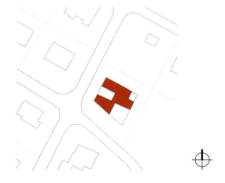

Auf einem trapezförmigen Grundstück, das nordwärts sanft zum Bodensee hin abfällt, entstand dieses Wohnhaus für ein älteres Ehepaar. Die Parzelle liegt inmitten eines Quartiers mit Einfamilienhäusern im schweizerischen Bottighofen. In den 1980er Jahren wurde bei einer Zonenerweiterung die schachbrettartige Bebauung zugunsten einer diagonalen Erschließung aufgegeben, sodass Grundstücke mit Restflächen in den spitzen Winkeln entstanden. Das Haus bildet gewissermaßen ein Scharnier am Berührungspunkt dieser beiden Zonen.

Der quaderförmige Bau ist mittig auf dem Eckgrundstück situiert und ragt im Süden eingeschossig, im Norden zweigeschossig aus dem Boden. Mit seinen Außenkanten nimmt er die asymmetrische Parzellenform auf und entwickelt daraus ein eigenes Thema.

Raumbildendes Element ist eine mäandrierende Wand, die alle Bereiche fasst und das Volumen in drei Schichten teilt. Jede dieser Schichten besteht aus einem Innen- und einem Außenraum, die ihr unmittelbar zugeordnet sind. Auf diese Weise entsteht ein Raumkontinuum, das sich jeweils um geschützte Terrassen oder Atrien in wechselnden Himmelrichtungen gruppiert und Zonen unterschiedlicher Qualitäten und Wertigkeiten entstehen lässt.

Man betritt das Haus im Untergeschoss durch den an der Nordseite leicht zurückspringenden Eingangsbereich. In dieser Ebene befinden sich neben Garage und Technikräumen auch ein kleines Studio mit einer Ostterrasse. Im darüber liegenden Erdgeschoss sind alle übrigen Funktionen untergebracht: Wohn-, Arbeits-, Koch- und Essbereich sowie der Schlaftrakt. Die einzelnen Raumschichten sind nur durch Kuben gegliedert und optisch voneinander abgeteilt. Diese stehen, als nicht ganz deckenhohe Würfel, frei im Raum und nehmen die Nebennutzungen auf.

Große, versetzt angeordnete Öffnungen ermöglichen den direkten Durchgang von einer Raumschicht in die nächste und lassen Blickbeziehungen durch alle Schichten hindurch entstehen. Da die Mäanderwand den Zuschnitt des Grundstücks aufnimmt, wird ein abwechslungsreiches Spiel mit den Raumfluchten erzeugt. Auch die Übergänge von innen nach außen sind fließend gestaltet: Große Glaswände stellen direkte Sichtbezüge ins Freie her, der Steinboden aus Gneis läuft auf den Terrassen weiter.

Mit Erdsonden-Wärmepumpe sowie Ersatzluftanlage mit Wärmetauscher ausgestattet, erfüllt der Bau den Minergie-Standard: Er benötigt ein Drittel der Wärmeenergie eines nach üblichen Vorschriften gebauten Hauses.

▎ Das quaderförmige Gebäude nimmt mit seinen Außenkanten die unregelmäßige Parzellenform auf und entwickelt daraus ein eigenes Thema.

▎ Das natürliche Gefälle des Grundstücks wurde belassen, sodass das Gebäude im Süden eingeschossig, im Norden zweigeschossig aus dem Boden ragt. Wie ausgestanzt wirken die Fensteröffnungen in der Fassade.

▌ Der Wohnbereich öffnet sich auf die vorgelagerte Südterrasse, die sich geschützt im Winkel der mäandrierenden Wand bildet.

▌ Auch die Küche ist als frei stehendes Element in einem nicht ganz raumhohen Würfel untergebracht.

▌ Deckenhohe Glaswände sorgen für fließende Übergänge zwischen Innen und Außen. Der Steinboden aus Gneis wurde auch als Terrassenbelag im Freien verwendet.

▌ Wohn- und Arbeitsbereich gehen ineinander über und werden nur durch ein Regalmöbel mit integriertem Kamin optisch voneinander getrennt.

Büroprofil

Jean Claude Mahler
Architekt HTL SWB
Bromstraße 20
CH-8598 Bottighofen
mahler.arch@bluewin.ch

Studienort:
Fachhochschule beider Basel (FBB), Muttenz

Eigenes Büro:
seit 1994

Anzahl der Mitarbeiter:
2

Arbeitsschwerpunkte:
Wohnungsbau (Einfamilien- und Zeilenhäuser), Bauten für die Gemeinschaft, Sonderbauten, Möbel (Stuhl „Mahler" bei Horgen Glarus), Buchgestaltung

Arbeits- und Entwurfsphilosophie:
Priorität des baukünstlerischen Anspruchs, „gelöster Purismus", ganzheitliche Konzepte, nachhaltiges Bauen, bleibende Werte

Gebäudedaten

Grundstücksgröße: 950 m²
Wohnfläche: 212 m²,
Terrassen 115 m²
Zusätzliche Nutzfläche: 72 m²
Anzahl der Bewohner: 2
Bauweise: Massivbau
Baukosten: keine Angaben
Fertigstellung: 2002

Erdgeschoss
M 1:200

1 Schlafen
2 Bad
3 WC
4 Aufzug
5 Westterrasse
6 Essen
7 Kochen
8 Arbeiten
9 Wohnen
10 Südterrasse

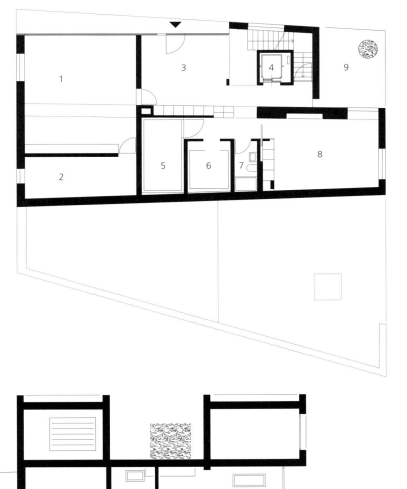

Untergeschoss
M 1:200

1 Garage
2 Technik
3 Entree
4 Aufzug
5 Kühlraum
6 Sauna
7 Dusche, WC
8 Studio
9 Ostterrasse

Schnitt
M 1:200

ANERKENNUNG | ARNDT GEIGER HERRMANN, ZÜRICH

Hoch gestapelt

EINFAMILIENHAUS IN KILCHBERG

Lageplan

Auf einem verwunschenen Grundstück inmitten der Zürichseegemeinde Kilchberg wuchsen in den vergangenen einhundert Jahren Thujen, Buchssträucher, Eiben und Lorbeerbäume zu einer parkähnlichen Landschaft heran. Zusammen mit einem alten Wohngebäude aus dem Jahr 1908 bildete das Grün ein reizvolles Ensemble aus Gebautem und gepflegter Natur.

Als der Architekt René Arndt das Grundstück mit dem abbruchreifen Altbau erwarb, um hier für seine Familie ein neues Domizil zu errichten, gab es zwei Möglichkeiten: den Abriss des bestehenden Hauses und eine komplette Neubebauung – oder die behutsame Nachverdichtung. Nachdem die baurechtliche Prüfung eine zusätzlich mögliche Wohnfläche von 120 Quadratmetern ergeben hatte, entschieden sich die Architekten für den zweiten Weg. Sie renovierten und erweiterten das alte Gebäude zu einem Mehrfamilienhaus mit drei Wohnungen und fügten den Neubau in die Gartenlandschaft ein.

Der Reiz, zwischen Baumwipfeln wohnen zu können, gab den Ausschlag, die Baumasse in die Vertikale zu entwickeln. Auf diese Weise entstand ein schlanker, hoher Baukörper auf einer Grundfläche von nur 6,6 x 6,6 Metern, der sich über insgesamt vier Etagen erstreckt. In der Eingangsebene sowie im ersten Obergeschoss befinden sich Schlafräume und Nasszellen, in der darüber liegenden Etage der offene Wohn-, Koch- und Essbereich, und im Dachgeschoss eine kleine Arbeitsecke und sowie eine Terrasse mit Rundumblick ins Grüne.

Besonderen Wert wurde bei diesem Projekt auf die Verbindung von Architektur und Innenarchitektur gelegt, sodass Möbel und Einbauten wie aus einem Guss erscheinen. Ein Hingucker ist das Bücherregal: Das halbkreisförmige, über alle Geschosse reichende Treppenhaus ist vom Baukörper leicht abgelöst und bietet mit seiner über 10 Meter hohen Rückwand viel Platz für Lesestoff.

Um den alten Baumbestand durch die Bauarbeiten möglichst wenig zu beeinträchtigen, wählten die Architekten eine Holzelementkonstruktion, die vor Ort in wenigen Wochen zusammengefügt werden konnte. Die hochisolierte Außenhülle, die optimale Ausrichtung zur Sonne, eine Wärmepumpe sowie die kontrollierte Lüftung mit Wärmerückgewinnung sorgen dafür, dass der Wohnturm seine Energie gewissermaßen aus eigener Kraft erzeugt. Mit seiner dunklen Fassade aus anthrazitfarbenen Eternitplatten fügt er sich ganz unauffällig in die idyllische Gartenlandschaft ein – und bleibt damit im grünen Bereich.

▌ Die zurückhaltende Farb- und Materialgebung lässt den Wohnturm fast hinter den Bäumen verschwinden. Die Fassade der Holzkonstruktion auf massivem Untergeschoss wurde mit dunklen Eternitplatten verkleidet.

▌ Auf minimaler Grundfläche entwickelt sich das Haus in die Vertikale – auf diese Weise konnte der alte parkähnliche Garten weitgehend erhalten bleiben.

▌ Direkten Sichtkontakt ins Grüne hat man auch im Eingangsflur auf der Westseite, der großzügig verglast ist. Rechts im Hintergrund der renovierte Altbau aus der Zeit um 1900.

Büroprofil

Arndt Geiger Herrmann AG
Architekten für Bau,
Raum und Design
Mythenquai 355
CH-8038 Zürich
www.agh.ch
Projektarchitekt: René Arndt

Studienort:
René Arndt/Thomas Geiger:
Fachhochschule für Gestaltung (HFG), Zürich/Eidgenössische Technische Hochschule (ETH), Zürich

Gemeinsames Büro:
seit 1987

Anzahl der Mitarbeiter:
10 – 12

Arbeitsschwerpunkte:
Architektur und Innenarchitektur: Wohnungsbau, Einfamilienhäuser, Hotels und Ausbildungsstätten, TV-Studios, Bauten für Institutionen und Kultur

Arbeits- und Entwurfsphilosophie:
Wer sich mit uns einlässt, darf für Neues offen sein. Denn Arndt Geiger Herrmann ist ein Team von Architekten, Innenarchitekten und Gestaltern, das sich mit allen Fragen der Raumgestaltung, dem Innen und Außen, dem Privaten, dem Geschäftlichen und dem Öffentlichen auseinander setzt. Die Lösung ist für uns immer und erst das Resultat eines gemeinsamen Reifeprozesses.

Gebäudedaten

Grundstücksgröße: 500 m²
Wohnfläche: 124 m²
Zusätzliche Nutzfläche: 26 m²
Anzahl der Bewohner: 3
Bauweise: Holzelementbau auf massivem Untergeschoss
Baukosten je m² Wohn- und Nutzfläche: 5.000 SFr
Baukosten gesamt: 620.000 SFr
Fertigstellung: 2003

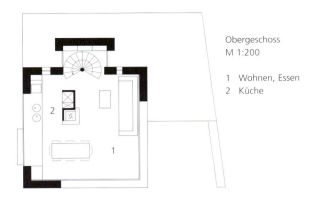

Obergeschoss
M 1:200

1 Wohnen, Essen
2 Küche

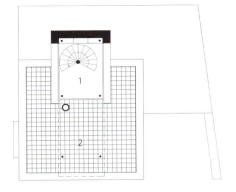

Attikageschoss
M 1:200

1 Dachraum
2 Dachterrasse

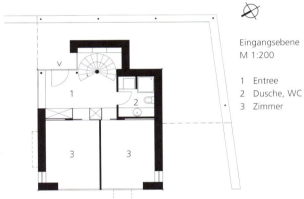

Eingangsebene
M 1:200

1 Entree
2 Dusche, WC
3 Zimmer

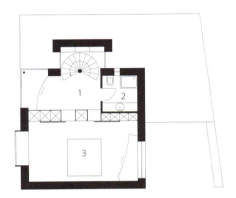

Hochparterre
M 1:200

1 Büro
2 Dusche, WC
3 Schlafen

■ Der Wohn-, Koch- und Essraum mit offenem Kamin im Obergeschoss. Das in die Rückwand des Treppenhauses integrierte Regal bietet Lesestoff auf allen Ebenen.

■ Von jedem Winkel aus scheinen die Bäume zum Greifen nah – wie hier in der kleinen Arbeitsecke in der Schlafebene. Deckenhohe Einbauschränke mit Schiebetüren sorgen dafür, dass jeder Zentimeter optimal genutzt wird.

■ Das kleine Bad wirkt durch die maßgefertigten Einbauten und Spiegelwände optisch größer.

ANERKENNUNG | WILD BÄR ARCHITEKTEN, ZÜRICH

Oberflächen-Spannung

EINFAMILIENHAUS IN KÜSNACHT

Lageplan

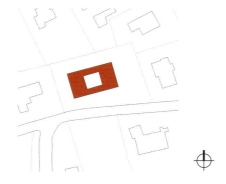

Als wäre es wie ein Floß vom nahe gelegenen Zürichsee angeschwemmt worden und inmitten einer grünen Wiese gestrandet: So wirkt dieses Einfamilienhaus, das wild bär architekten für eine vierköpfige Familie konzipierten.
Im Zentrum des monolithischen Baus liegt ein zweigeschossiger Innenhof, der sich nach Süden hin öffnet. Dieser Hof gliedert das Haus in zwei Gebäudeflügel, die durch das Treppenhaus an der Nordseite – gewissermaßen das Rückgrat – miteinander verbunden werden. Im Erdgeschoss befinden sich auf der einen Seite der Koch- und Essbereich, im gegenüberliegenden Trakt der Wohnraum mit Bibliothek. Das Obergeschoss ist in zwei getrennte Schlafbereiche – die Elternsuite und die Kinderzimmer mit Spielbereich – aufgeteilt. Gästezimmer, Nebenräume, Fitnessraum sowie Garage sind im Hanggeschoss untergebracht.
Ein Außenpool ist in die Anlage integriert und bildet den Abschluss des Innenhofs zum Garten im Süden hin. Er ist als Überlaufbecken konstruiert: Die Wasseroberfläche zeichnet den Horizont nach und reflektiert das Sonnenlicht auf die auskragende Loggia vor dem Elternschlafzimmer. Der Wohnraum vor dem Bassin wurde um drei Stufen leicht abgesenkt, sodass man auch von hier aus das Wasser als horizontalen Spiegel erlebt.
Die Gebäudehülle besteht aus einer zweischaligen Sichtbetonkonstruktion. Dabei wurde der Beton mit erdfarbenen Pigmenten versetzt und mit Jurakalk als Zuschlagstoff vermischt, was der Fassade einen dezent warmen Beigeton verleiht. Alle An- und Abschlüsse entwässern nach innen, sodass Wasserläufe und Verschmutzungen der Außenwände vermieden werden.
Obwohl der Baukörper aus einem homogenen Material gegossen ist, wurden die einzelnen Bauteile unterschiedlich ausgeführt: Die geschlossenen Fassadenflächen sind als raumhohe, leicht vorspringende Wandscheiben ausgebildet und haben eine raue, gestockte Oberfläche, während die Deckenplatten und der Gebäudesockel schalungsglatt sind und leicht zurückspringen. Die haptischen Qualitäten des Betons als gegossener Stein treten durch die unterschiedlichen Oberflächen deutlich zutage.
Raumhohe Festverglasungen mit tiefen Laibungen unterbrechen die Wandscheiben des monolithisch wirkenden Baukörpers und verleihen ihm Plastizität. Sie sind jeweils geschossweise versetzt und haben einzelne Lüftungsflügel in unbehandelter Baubronce. Innenausbau und Möblierung des Gebäudes sind auf Maß gefertigt und in Material und Farbe auf das Gesamtkonzept abgestimmt.

▎Abwechslungsreich ist diese Betonfassade gestaltet: Die rauen, geschlossenen Fronten sind maschinell nachbearbeitet und erinnern an Naturstein. Deckenplatten und Gebäudebasis hingegen sind schalungsglatt.

❚ Links: Aus der massiven Gebäudehülle sind große rechteckige Fensterformate herausgeschnitten, die der Fassade ein plastisches Aussehen verleihen.

❚ Links unten: Zwischen den Gebäudetrakten entsteht ein geschützt liegender Innenhof, der zum Garten hin von einem Wasserbassin begrenzt wird.

❚ Nah ans Wasser gebaut: Die Terrasse grenzt unmittelbar an den Pool, der von der auskragenden Loggia des Elternschlafzimmers teilweise überdacht wird.

❚ Die offene Feuerstelle zwischen Bibliothek und Wohnraum lässt sich von beiden Seiten bedienen.

▌ Blick von der Bibliothek in Richtung Eingang. In dem auskragenden Wandelement auf der linken Seite ist das Brennholz untergebracht.

▌ Entree und Treppenaufgang ins Obergeschoss werden durch die raumhohe Glaswand zum Innenhof mit reichlich Licht versorgt. Für Boden und Stufen wurde durchgängig geöltes Eichenholz verwendet.

▌ Viel Stauraum bieten die deckenhohen Schränke in der großzügigen Küche, die sich zum Eingangsbereich hin orientiert.

Büroprofil

wild bär architekten ag
Baurstraße 14
CH-8008 Zürich
www.wbarch.ch
Projektmitarbeit: Stefanie Zulauf, Renato Biscaro
Studienort:
Thomas Wild/Sabine Bär/Peter Brunner/Ivar Heule:
TH Stuttgart/TH Stuttgart/ – / ETH Zürich

Gemeinsames Büro:
seit 1989 (Wild-Bär + Wild), seit 2004 wild bär architekten ag
Anzahl der Mitarbeiter:
17
Arbeitsschwerpunkte:
Keine besonderen Schwerpunkte
Lehrtätigkeit:
Thomas Wild war 1993 Lehrbeauftragter, Sabine Bär war 1994 Lehrbeauftragte an der FH Biberach.

Gebäudedaten

Grundstücksgröße: 1.338 m²
Wohnfläche: 440 m²
Zusätzliche Nutzfläche: 146 m²
Anzahl der Bewohner: 4
Bauweise: Massivbau (Stahlbeton mit zweischaliger Fassade)
Baukosten: keine Angaben
Fertigstellung: 2003

Obergeschoss
M 1:200

1 Zimmer
2 Ankleide
3 Bad
4 Dusche, WC
5 Spielzimmer
6 Balkon

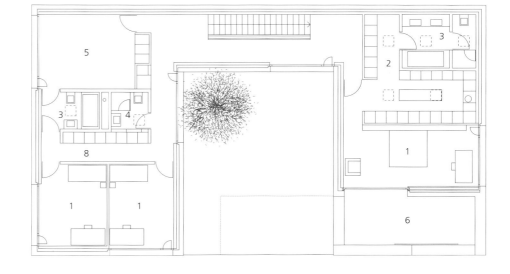

Erdgeschoss
M 1:200

1 Entree
2 Garderobe
3 WC
4 Kochen
5 Essen
6 Bibliothek
7 Wohnen
8 Hof
9 Pool

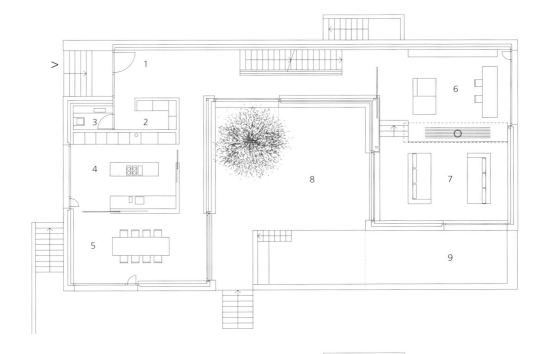

Untergeschoss
M 1:200

1 Vorplatz
2 Garage
3 Abstellraum
4 Technik
5 Schutzraum
6 Waschküche
7 Erdreich
8 Pooltechnik
9 Pool
10 Keller
11 Fitnessraum
12 Sauna
13 Gäste
14 Dusche, WC

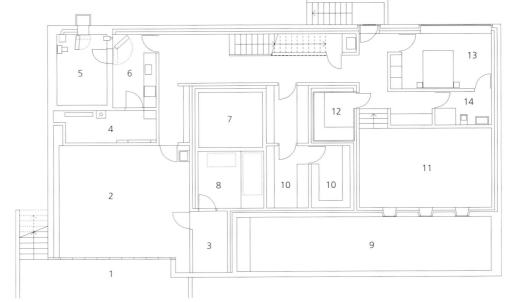

ANERKENNUNG | WILD BÄR ARCHITEKTEN, ZÜRICH

Lichtblick am See

EINFAMILIENHAUS IN ERLENBACH

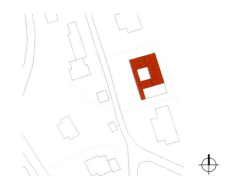

Lageplan

Als strahlend weißer Solitär erhebt sich dieses Wohnhaus auf einem Grundstück in der schweizerischen Gemeinde Erlenbach. Die Villa, die über einem leicht nach Südwesten abfallenden Hang thront, bietet einen traumhaften Blick auf den Zürichsee. Mit ihrem Entwurfskonzept variierten die Architekten auch hier das Thema des Hofhauses: Innen- und Außenräume greifen mäanderartig ineinander und scheinen miteinander zu verschmelzen.

Die Eingangsebene, die über dem Sockel des Hanggeschosses vom Terrain leicht abgelöst ist, nimmt die zentralen Funktionen auf: Vom Zugang an der Nordwestseite gelangt man an der Küche vorbei in den großzügigen Essraum, der in der Mitte des Hauses liegt. Zusammen mit dem offenen Wohnbereich im Westen sowie dem Swimmingpool im Osten umschließen diese drei Gebäudeflügel eine Terrasse, die zum sichtgeschützten Innenhof wird.

Ein Betonbügel, der sich über die gesamte Längsseite spannt, umrahmt die spektakuläre Aussicht auf den nahe gelegenen See und seine Uferbereiche – wie ein Panoramafenster im Freien. Im Südosten wird das Haus von einem begrünten Außenraum begrenzt, der von einer Mauer umschlossen ist. Dieser erweitert den vollverglasten Innenraum des Swimmingpools optisch ins Freie und kann mit einem Sonnensegel verschattet werden.

Das Obergeschoss, das sich zum Hang hin orientiert, bildet den linearen Rücken der Anlage. Hier befinden sich zwei großzügige Schlafräume links und rechts der in Gebäudemitte liegenden Nasszellen. Auch diese Zimmer orientieren sich mit großen Glasfronten nach Südwesten zur Aussicht hin. Im rückwärtigen Bereich, entlang des Flurs stellen vertikale Luft- und Erschließungsräume optische Verbindungen zum Erdgeschoss her, sodass indirektes Licht auch in die tieferen Gebäudewinkel dringen kann.

Das Wohnhaus ist als zweischaliger Sichtbetonbau konzipiert, dessen Außenhaut anschließend weiß lasiert wurde. Die Reduktion auf wenige Farben und Materialien spiegelt sich auch in den Innenräumen wider, die hell und licht wirken und den Bau als homogene Einheit erscheinen lassen: Wand- und Deckenoberflächen sind verputzt und weiß gestrichen, im Erdgeschoss wurde durchgehend heller Marmorboden verlegt, der auch als Terrassenbelag im Freien weiterläuft. Eichenparkett sorgt im Schlafbereich im Obergeschoss für warme Farbakzente. Die raumhohen vollflächigen Verglasungen sind rahmenlos ausgebildet, sodass in allen Ebenen fließende Übergänge zwischen Innen und Außen entstehen.

▎ Auf einer leichten Anhöhe thront diese Villa, die sich mit großen Glasfronten zum Seeufer hin öffnet. Ein Betonbügel verbindet die Gebäudetrakte miteinander und betont die Horizontale.

▮ Der Pool grenzt unmittelbar an die geschützt liegende Terrasse. Über ein im Boden eingelassenes Glasband erhalten auch die Räume im Untergeschoss natürliches Licht.

▮ Hollywood am Zürichsee: Geradezu filmreif erscheint diese Kulisse bei Nacht.

▎Aussichtsreich: Schöne Perspektiven bietet der Swimmingpool, der auf drei Seiten voll verglast ist.

▌Ein innen liegender Flur verbindet Schlafräume und Bäder im Obergeschoss miteinander. Deckenhohe Glaswände geben den Blick auf den See und die gegenüberliegenden Anhöhen frei.

▌Blick vom Entree in den Treppenaufgang zum Obergeschoss. Durch das über Eck laufende Fenster auf der rechten Seite erhält die Küche Tageslicht.

▌Zentrum des Hauses bildet das Esszimmer mit dem großen offenen Kamin. Der helle Marmorboden setzt sich auf der Terrasse fort und sorgt für fließende Übergänge zwischen Innen und Außen.

Büroprofil

wild bär architekten ag
Baurstraße 14
CH-8008 Zürich
www.wbarch.ch
Projektmitarbeit: Oliver Rütimann, Markus Schillig
Studienort:
Thomas Wild/Sabine Bär/Peter Brunner/Ivar Heule:
TH Stuttgart/TH Stuttgart/ – / ETH Zürich
Gemeinsames Büro:
seit 1989 (Wild-Bär + Wild), seit 2004 wild bär architekten ag
Anzahl der Mitarbeiter:
17
Arbeitsschwerpunkte:
Keine besonderen Schwerpunkte
Lehrtätigkeit:
Thomas Wild war 1993 Lehrbeauftragter, Sabine Bär war 1994 Lehrbeauftragte an der FH Biberach.

Gebäudedaten

Grundstücksgröße: 1.034 m²
Wohnfläche: 280 m²
Zusätzliche Nutzfläche: 175 m²
Anzahl der Bewohner: 2
Bauweise: Massivbau (Stahlbeton mit zweischaliger Fassade)
Baukosten: keine Angaben
Fertigstellung: 2003

Obergeschoss
M 1:250

1 Luftraum Entree
2 Zimmer
3 Bad
4 Ankleide
5 Luftraum Pool
6 Terrasse

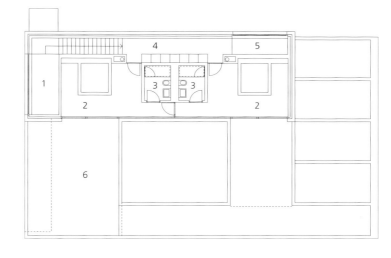

Erdgeschoss
M 1:250

1 Entree
2 Kochen
3 Essen
4 Wohnen
5 Hof, Sitzplatz
6 Pool
7 Grünhof

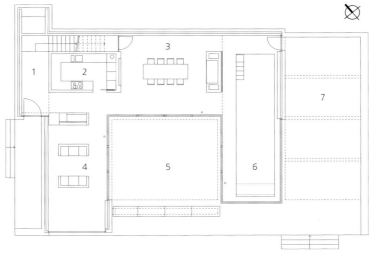

Untergeschoss
M 1:250

1 Vorraum
2 Skulptur
3 Haustechnik
4 Weinkeller
5 Waschküche
6 Pooltechnik
7 Pool
8 Hobbyraum
9 Hauswirtschaft
10 Sauna, Dampfbad

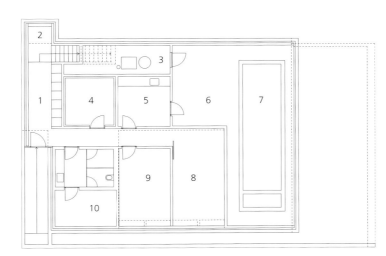

Schnitt
ohne Maßstab

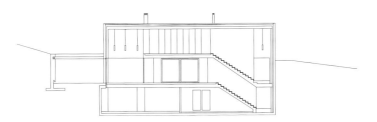

ANERKENNUNG | BEARTH & DEPLAZES ARCHITEKTEN, CHUR

Immer an der Wand entlang

EINFAMILIENHAUS IN ESCHEN

Lageplan

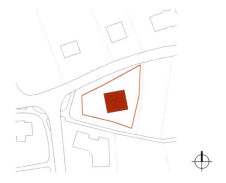

Kleine und größere Einfamilienhäuser, die wie zufällig auf einzelne Parzellen gesetzt zu sein scheinen, bilden das bauliche Umfeld dieses Wohnhauses in Eschen im Fürstentum Liechtenstein. Das Grundstück liegt auf einer Anhöhe, von der aus man das Rheintal überblicken kann, das hier von einem wunderbaren Bergpanorama umsäumt wird.
Von den umgebenden Häusern, die ihre Individualität offen zur Schau tragen, wendet sich der Neubau, den Bearth & Deplazes Architekten für eine vierköpfige Familie konzipierten, auf geradezu schroffe Art und Weise ab: Eine der Parzellengrenze folgende, gut 2 Meter hohe Betonwand umgibt das Grundstück als Umfassungsmauer und schützt das Haus vor Einblicken. Hinter ihr verbirgt sich ein geheimnisvoller Garten, in dessen Mitte ein von vier Säulen getragener, dunkel eingefärbter Wohnkubus steht.
Man betritt das Haus durch das Untergeschoss, das die leichte Hanglage geschickt ausnutzt. Von hier aus gelangt man, an der Garage vorbei, in eine schmale, lang gestreckte Eingangshalle, in deren Mitte durch eine Deckenöffnung helles Tageslicht hereinfällt. Über einen weißen Terrazzoboden laufend durchdringt man das Erdreich und steigt eine geschwungene Treppe zum Wohnraum hinauf. Dieser öffnet sich mit großen Glasflächen in den Garten, sodass Innen und Außen nahtlos ineinander überzugehen scheinen. Die Grünflächen im Innenhof wurden streng geometrisch in Form von Kreissegmenten angelegt, Baumpflanzungen schützen das transparente Erdgeschoss vor Wind und Sonne.
Über dem verglasten Wohngeschoss scheint der schwere Kubus, in dem sich die Schlafräume befinden, fast zu schweben. Eine vom Boden losgelöste, jedoch massiv ausgebildete Treppe führt in das von dicken Außenmauern aus Beton umgebene Obergeschoss und weiter bis zur Dachterrasse. Sie ist ein zusätzlicher sichtgeschützter Freiraum, der sich hinter der Gebäudehülle verbirgt und von außen nicht in Erscheinung tritt.
Die orthogonale Geometrie der Wohnebene wird in der oberen Etage verlassen: Die Treppe läuft diagonal durch das Geschoss, sodass auf beiden Seiten Räume mit unterschiedlichsten Zuschnitten entstehen. Die quadratischen Fenster orientieren sich in alle vier Himmelsrichtungen und stellen den Bezug zur umgebenden Landschaft her. Die Bäder hingegen werden – wie kleine Thermen – nur von oben belichtet, was die intime Atmosphäre betont. Die Dachterrasse schließlich lässt alle Raumgrenzen schwinden und gibt den Blick in die Ferne frei.

▌ Die wie abgezirkelt wirkenden Grünflächen und Kieswege im Innenhof fügen sich nahtlos in das streng geometrische Konzept. Eine Glaskuppel belichtet den unterirdischen Zugang zum Haus.

▌ Gekonnte Inszenierung: Der dunkel eingefärbte, massive Kubus scheint über dem transparenten, hell erleuchteten Erdgeschoss zu schweben. Hinter der Attika verborgen liegt die Dachterrasse.

▋ Deckenhohe Glasfronten, die an den Ecken rahmenlos aneinander stoßen, sorgen im Erdgeschoss für fließende Übergänge zwischen Innen und Außen.

▋ Unten links: Abgrenzungstendenzen lässt dieses Haus vermuten, das ringsum von einer Betonmauer umgeben ist, hinter der sich ein introvertierter, sichtgeschützter Garten verbirgt.

▋ Unten Mitte: Geradezu futuristisch wirkt die Gestaltung des Wohnraums mit einem von der Decke herabhängenden offenen Kamin.

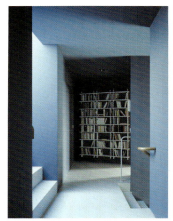

Büroprofil

Bearth & Deplazes Architekten AG
Wiesentalstraße 7
CH-7000 Chur
info@bearth-deplazes.ch
Projektmitarbeit: Bettina Schacht-Werner
Studienort:
Valentin Bearth/Andrea Deplazes/Daniel Ladner: ETH Zürich/ETH Zürich/HTL Chur
Gemeinsames Büro:
seit 1988
Anzahl der Mitarbeiter:
10
Arbeitsschwerpunkte:
Keine besonderen Schwerpunkte
Arbeits- und Entwurfsphilosophie:
Die komplexen und widersprüchlichen Anforderungen einer Entwurfsaufgabe in ein sinnstiftendes und kohärentes Ganzes überzuführen.
Lehrtätigkeit:
Valentin Bearth ist seit 2000 Professor an der Accademia di Architettura in Mendrisio. Andrea Deplazes ist seit 1997 Professor für Architektur und Konstruktion an der ETH Zürich.

Gebäudedaten

Grundstücksgröße: 955 m²
Wohnfläche: 220 m²
Zusätzliche Nutzfläche: 90 m²
Anzahl der Bewohner: 4
Bauweise: Massivbau
Baukosten je m² Wohn- und Nutzfläche: 3.550 SFr
Baukosten gesamt: 1,1 Mio SFr
Fertigstellung: 2003

■ Blick in die lang gestreckte unterirdische Eingangshalle im Untergeschoss. Durch eine runde Deckenöffnung fällt Tageslicht in den Gang. Im Hintergrund die Treppe zum Wohnraum.

■ Links: Eine diagonal verlaufende Treppe kreuzt den Flur im Obergeschoss. Links der Aufgang zur Dachterrasse.

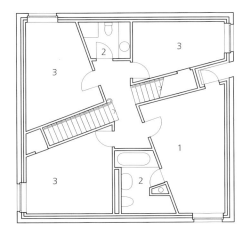

Obergeschoss
M 1:200

1 Schlafen
2 Bad
3 Kind, Zimmer

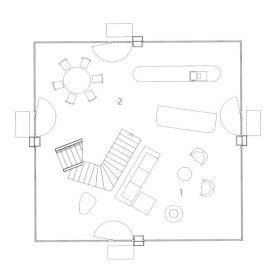

Erdgeschoss
M 1:200

1 Wohnen
2 Kochen, Essen

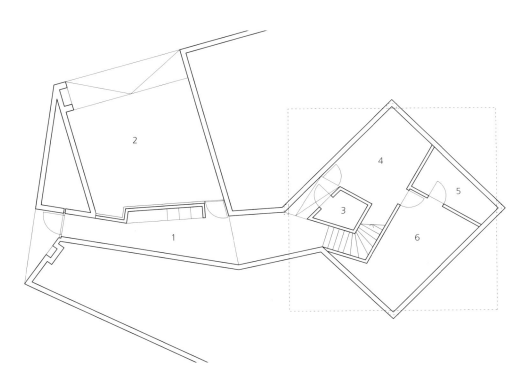

Untergeschoss
M 1:200

1 Eingangshalle
2 Garage
3 WC
4 Waschen
5 Lager
6 Technik, Keller

ARCHITEKTENVERZEICHNIS UND BILDNACHWEIS

ARNDT GEIGER HERRMANN AG
Architekten für Bau, Raum und Design
René Arndt, Thomas Geiger
Mythenquai 355
CH-8038 Zürich
www.agh.ch
Seite 136
Fotos: Franz Kälin, Einsiedeln

Bearth & Deplazes Architekten AG
Valentin Bearth, Andrea Deplazes, Daniel Ladner
Wiesentalstraße 7
CH-7000 Chur
info@bearth-deplazes.ch
Seite 152
Fotos: Ralph Feiner, Malans

Berschneider + Berschneider
Architekten BDA + Innenarchitekten
Johannes Berschneider
Dipl. Dipl.-Ing. (FH),
Gudrun Berschneider
Dipl. Dipl.-Ing. (FH)
Hauptstraße 12
D-92367 Pilsach/Neumarkt
www.berschneider.com
Seite 34
Fotos: Werner Huthmacher, Berlin

Bohn Architekten
Julia Mang-Bohn
Architektin BDA DWB
Hechtseestraße 31
D-81671 München
www.bohnarchitekten.de
Seite 100
Fotos: Stefan Müller-Naumann, München

bottega + ehrhardt architekten
Giorgio Bottega,
Henning Ehrhardt
Rosenbergstraße 46
D-70176 Stuttgart
www.be-arch.com
Seite 86
Fotos: David Franck, Ostfildern

Caramel architekten ZT-gmbh
katherl.haller.aspetsberger
Günter Katherl, Martin Haller, Ulrich Aspetsberger
Schottenfeldgasse 72/II/3
A-1070 Wien
www.caramel.at
mit Atelier Tummelplatz – Friedrich Stiper
Tummelplatz 5
A-4040 Linz
Seite 112
Fotos: Hertha Hurnaus, Wien

architekturbüro ivan cavegn
Dipl.-Arch. BSA
Bendererstraße 33
FL-9494 Schaan
www.cavegn.li
Seite 28
Fotos: Christian Grund, Zürich

Dietrich | Untertrifaller Architekten
Helmut Dietrich,
Much Untertrifaller
Arlbergstraße 117
A-6900 Bregenz
www.dietrich.untertrifaller.com
Seite 116 und Seite 128
Fotos: Ignacio Martinez, Lustenau

Eisenberg Architekten
Uta Eisenberg und
Frithjof Eisenberg
Hochstraße 36
D-45894 Gelsenkirchen
www.eisenberg-architekten.de
Seite 54
Fotos: Gernot Maul, Münster

fabi architekten bda
Stephan Fabi, Architekt BDA
Glockengasse 10
D-93047 Regensburg
www.fabi-krakau.de
Seite 72
Fotos: Herbert Stolz, Regensburg

Hagen + Steinhoff
Bürogemeinschaft für
Architektur und Stadtplanung

Arthur Hagen, Marc Steinhoff
Freie Architekten
Hohe Straße 10
D-70174 Stuttgart
www.hagenundsteinhoff.com
Seite 96
Fotos: Tom Bilger, Stuttgart

**Kaag + Schwarz
Architekten BDA**
Werner Kaag, Rudolf Schwarz
Gutbrodstraße 2
D-70197 Stuttgart
info@kaag-schwarz.de
Seite 80
Fotos: Oliver Schuster,
Stuttgart

oskar leo kaufmann
Arch. DI Oskar Leo Kaufmann
ziviltechniker gesmbh
Steinebach 3
A-6850 Dornbirn
www.olk.cc
Seite 120 und Seite 124
Fotos: Adolf Bereuter,
Lauterach

kehrbaum architekten BDA
Klaus Kehrbaum
Konrad-Adenauer-Allee 35
D-86150 Augsburg
www.kehrbaum-architekten.de
Seite 22
Fotos: Kuhnle + Knödler,
Radolfzell
Foto Seite 24 oben:
Archiv Architekten

Holger Kleine
Gesellschaft von
Architekten mbH
Lützowstraße 102–104/c
D-10785 Berlin
www.holgerkleinearchitekten.de
Seite 48
Fotos: Werner Huthmacher,
Berlin

Anne Kleinlein
Handjerystraße 85
D-12159 Berlin
kleinlein.stuchtey@snafu.de
Seite 44
Fotos: Lothar M. Peter, Berlin

**Knebel & von Wedemeyer
Architekten**
Nikolaus Knebel,
Henning von Wedemeyer
Dipl.-Ing. Architekten
Knaackstraße 80
D-10435 Berlin
www.kvw-architekten.de
Seite 40
Fotos: Clemens von
Wedemeyer, Berlin

Jean Claude Mahler
Architekt HTL SWB
Bromstraße 20
CH-8598 Bottighofen
mahler.arch@bluewin.ch
Seite 132
Fotos Seite 133:
P. Böni, Goldach
Fotos Seite 134:
J.C. Mahler, Bottighofen

**MEIXNER SCHLÜTER WENDT
Architekten
mit Dipl.-Ing. W. Ziser,
Karlsruhe**
Claudia Meixner, Florian
Schlüter, Martin Wendt
Fischerfeldstraße 13
D-60311 Frankfurt
www.meixner-schlueter-
wendt.de
Seite 62
Fotos: Christoph Kraneburg,
Köln

müller architekten
Matthias Müller
Freier Architekt BDA
Wilhelmstraße 5a
D-74072 Heilbronn
www.architekten-online.com
Seite 58
Fotos: Dietmar Strauß,
Besigheim

ARCHITEKTENVERZEICHNIS UND BILDNACHWEIS

PAK Architekten
Prof. Myriam Claire Gautschi
Dipl.-Arch. ETH/SIA/DWB
Günther H. Zöller
Dipl.-Ing. Architekt DWB/BDA
Litzenhardtstraße 83
D-76135 Karlsruhe
pak.architekten@gmx.de
Seite 68
Fotos: bild_raum
Stephan Baumann, Karlsruhe

pmp
Probst Meyer Partner GbR
Architekten BDA
Johannes Probst, Anton Meyer
Nederlinger Straße 68
D-80638 München
www.architekten-pmp.de
Seite 104
Fotos: Andreas Frisch,
München

Ruinelli Associati Architetti
Armando Ruinelli, Arch. REG
A/SIA/SWB
Fernando Giovanoli, Arch. FH
Atelier 67
CH-7610 Soglio
www.ruinelli-associati.ch
Seite 16
Fotos Seite 17, 18 oben,
19 oben, unten li., 20 re.:
Raymond Meier, New York
Fotos Seite 18 unten li., unten
re., 19 unten re., 20 li.: Filippo
Simonetti, Brunate (Como)

Michael Schattan
Architekt Dipl.-Ing. (FH)
Moritz-von-Schwind-Straße 18
D-82319 Starnberg
Seite 108
Fotos: Archiv Architekt

hartwig n. schneider
freie architekten bda
Prof. Dipl.-Ing. Hartwig N.
Schneider
Dipl.-Ing. Gabriele Schneider
Christophstraße 40–42
D-70180 Stuttgart
www.hartwigschneider.de
Seite 76
Fotos Seite 77: Hartwig N.
Schneider, Stuttgart
Fotos Seiten 78, 79: Christian
Kandzia, Stuttgart

wild bär architekten ag
Thomas Wild, Sabine Bär,
Peter Brunner, Ivar Heule
Baurstraße 14
CH-8008 Zürich
www.wbarch.ch
Seite 140 und Seite 146
Fotos Seiten 141–144:
Roger Frei, Zürich
Fotos Seiten 147–150:
Hannes Henz, Zürich

wulf & partner
Freie Architekten BDA
Prof. Tobias Wulf,
Dipl.-Ing. Kai Bierich,
Dipl.-Ing. Alexander Vohl
Charlottenstraße 29/31
D-70182 Stuttgart
www.wulf-partner.de
Seite 90
Fotos: Roland Halbe, Stuttgart

Bildnachweis Einleitung
und Umschlag
Einleitung:
Seite 8, 9 li. oben: © Karin
Hessmann/artur; Seite 9 re.
oben: Manfred Sack,
Hamburg; Seite 10 oben:
© Dieter Leistner/artur; Seite
10 unten: Roland Halbe,
Stuttgart; Seite 11: Klaus
Kinold, München; Seite 12, 13
oben: © alan weintraub-
arcaid/architekturphoto; Seite
14: Adolf Bereuter, Lauterach.
Umschlaggestaltung unter
Verwendung der Abb. von
Seite 29 (vorne), Seite 35
(Rückseite oben rechts), Seite
109 (oben links), Seite 125
(unten)

Die Lagepläne wurden von
Jens Schiewe in eine einheit-
liche Form gebracht. Alle übrigen abgebildeten Zeichnungen
und Pläne wurden von den
jeweiligen Architekturbüros
zur Verfügung gestellt.

IMPRESSUM

Dieses Buch ist in Zusammenarbeit mit dem internationalen Architekturmagazin HÄUSER des Verlags Gruner + Jahr erschienen und bildet die Ergebnisse des Wettbewerbs HÄUSER AWARD 2005 „Haus des Jahres" ab.

© 2005 Verlag Georg D.W. Callwey GmbH & Co. KG, Streitfeldstraße 35, 81673 München
2. Auflage 2006
www.callwey.de
E-mail: buch@callwey.de

Die Deutsche Bibliothek verzeichnet diese Publikation in der Deutschen Nationalbibliografie; detaillierte bibliografische Daten sind im Internet über http://dnb.ddb.de <http://dnb.ddb.de/> abrufbar.

ISBN 3-7667-1629-8

Das Werk einschließlich aller seiner Teile ist urheberrechtlich geschützt. Jede Verwertung außerhalb der engen Grenzen des Urheberrechtsgesetzes ist ohne Zustimmung des Verlages unzulässig und strafbar.

Das gilt insbesondere für Vervielfältigungen, Übersetzungen, Mikroverfilmungen und die Einspeicherung und Verarbeitung in elektronischen Systemen.

Schutzumschlaggestaltung:
Guido Hoffmann, München
Gestaltung, Satz:
Griesbeckdesign, München
Druck und Bindung:
Druckerei Auer, Donauwörth

Printed in Germany 2006

Kleine Häuser ganz groß

Wenn der Platz Grenzen setzt, ist Kreativität gefragt. Dieses Buch dokumentiert die Ergebnisse des Wettbewerbs 2004 der Zeitschrift HÄUSER. Alle 30 Projekte wurden individuell von Architektinnen und Architekten geplant und zeigen – von der minimalistischen Wohnbox bis hin zur komfortablen Stadtvilla – wie vielfältig, aber auch wie komplex diese Bauaufgabe sein kann.
Die ausführliche Dokumentation mit Bildern und Plänen, Baudaten und -kosten machen es zu einer Fundgrube für Bauherren und Architekten.

Arno Lederer/Bettina Hintze
Die besten Einfamilienhäuser unter 150 qm
160 Seiten, 198 Abbildungen
Gebunden mit Schutzumschlag
ISBN 3-7667-1598-4

www.callwey.de

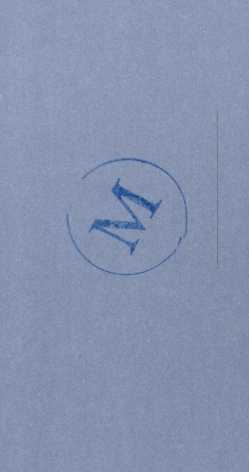